Schriften des Instituts für Literaturgeschichte
Schloß Arolsen

Herausgegeben von Anselm Maler

I

Verlag George

Schriften des Instituts für Literaturgeschichte Schloß Arolsen

I

Anselm Maler (Hrsg.)
Lektüre im Kleinstaat

Verlag George

CIP-Kurztitelaufnahme der Deutschen Bibliothek:

Lektüre im Kleinstaat / hrsg. v. Anselm Maler
(Schriften des Instituts für Literaturgeschichte Schloß Arolsen I)
34317 Habichtswald: George 1997
ISBN: 3-9803159-3-2
NE: Maler, Anselm (Hrsg.); Institut für Literaturgeschichte Schloß Arolsen.
© Institut für Literaturgeschichte Schloß Arolsen

Inhalt

Vorwort   VII

Andreas Gebhardt
Kunstliteratur in der Fürstlich Waldeckischen Hofbibliothek Arolsen
mit einem Blick auf die Werke der Kunsttheorie   1

Karl-Heinz Nickel
Die rhetorischen Lehrbücher der Fürstlich Waldeckischen
Hofbibliothek zu Arolsen   19

Friedrich W. Block
Nützlich und vergnüglich – vergnüglich oder nützlich:
Zur Adressierung des Reiseberichts im 18. Jahrhundert   36

Karl-Heinz Nickel
Das gesellige Paradies. Reiseliteratur zu Bad Pyrmont aus den
Beständen der Fürstlich Waldeckischen Hofbibliothek zu Arolsen.
Eine Skizze   59

Anselm Maler
Hans Adolf von Eschstruths *Heßische Poetische Blumenlese mit Musik* –
ein Zeugnis der Provinzial-Dichtung in der Aufklärungszeit   82

Corinna J. Heipcke
„Es ist doch ein eignes Ding um weibliche Autorschaft":
Philippine Gatterer-Engelhard zwischen Rokoko, Empfindsamkeit
und Sturm und Drang   93

Vorwort

Die folgenden Miszellen wurden von Mitgliedern der „Arbeitsgruppe 18. Jahrhundert" an der Universität Kassel verfaßt und unterrichten über literarische Zeugnisse der Aufklärungszeit, die in der Fürstlich Waldeckischen Hofbibliothek zu Arolsen ihre besonderen Fächer haben. Einige davon kommen in den angesprochenen Ressorts – den Reiseschriften, der Kunstliteratur, der Rhetorik, der Almanach-Poesie, der Frauendichtung – zu Gesicht und mögen für vieles darüber hinaus Vorhandene stehen. Die Erkundung des Bestandes hat sich das im Sommer 1996 gegründete ‚Institut für Literaturgeschichte Schloß Arolsen' zur Aufgabe gemacht, das hier erstmals aus seiner Tätigkeit berichtet. Es wird die Veröffentlichungen in loser Folge fortsetzen und über Studien, die aus der Erforschung der Arolser Sammlungen sowie zur regionalen Kulturgeschichte erwachsen, weiterhin Auskunft geben.

 Die redaktionelle Vorbereitung der von den Autoren eingereichten Manuskripte unterstützte Friedrich W. Block. Ich danke ihm und den Beteiligten für ihr Engagement; vor allem aber dem Verlag George, der es großzügig ermöglicht, die gleichzeitig erscheinende Schaumappe *Nordhessischer Büchersaal. Aus der Fürstlich Waldeckischen Hofbibliothek Arolsen* durch die nachstehenden Mitteilungen zu ergänzen.

Kassel und Arolsen im Februar 1997   Anselm Maler

Andreas Gebhardt

Kunstliteratur in der Fürstlich Waldeckischen Hofbibliothek Arolsen mit einem Blick auf die Werke der Kunsttheorie

I. Zum Begriff „Kunstliteratur"

Seit Julius Schlossers grundlegendem Buch aus dem Jahre 1924 ist der Begriff „Kunstliteratur" in der Kunstwissenschaft zwar eingeführt, aber nicht eindeutig definiert. Er ist so allgemein und umfassend, wie ein Begriff nur eben sein kann. Mit „Kunstliteratur" bezeichnete schon Schlosser Werke zur Kunsttheorie, Kunstgeschichte und Ästhetik ebenso wie Vitensammlungen, Architekturtraktate, Musterbücher, Zeichenanleitungen und Reiseberichte. Selbstverständlich zählt dazu auch Poetisches: Beginnend mit Wilhelm Heinses *Ardinghello* (1787) setzte Ende des 18. Jahrhunderts eine Romanliteratur ein, in der immer wieder das künstlerische Schaffen und dessen Bedingungen in den Handlungsmittelpunkt rückte.

Zur Kunstliteratur gehören überdies Werke, in denen oft ganz auf erläuternde Worte verzichtet wurde. Indem sie ihrerseits jedoch Kunstcharakter haben, dürfen sie unser buchkünstlerisches Interesse beanspruchen: Die Rede ist von den repräsentativen Sammlungskompendien und Stichwerken, die, vorwiegend im 18. Jahrhundert publiziert, bereits in ihrer Zeit als bibliophile Kostbarkeiten einer exklusiven Gesellschaftsschicht vorbehalten waren und von dieser gesammelt wurden. Diese oft monumentalen Bücher können als Vorläufer unserer Sammlungsverzeichnisse gelten, aus denen sich schließlich die Ausstellungskataloge entwickelten.

Nicht zu vergessen sind zuletzt die Handbücher und ‚schnellen' Hilfsmittel, vor allem Lexika, aber auch Sammlungsbeschreibungen im Taschenformat, die dem reisenden Kunstenthusiasten schnell die notwendigsten Informationen unterwegs bereitstellten.

II. Kunstliteratur in Arolsen

Der kunstliterarische Bestand in der Fürstlich Waldeckischen Hofbibliothek Arolsen (FWHB) kann derzeit lediglich geschätzt werden, denn der Katalog ist nur in sehr begrenztem Rahmen brauchbar. Bisher erfolgte die Titelaufnahme durch die Kasseler Gesamthochschulbibliothek lediglich alphabetisch und zwar nach Verfassern beziehungsweise nach Erscheinungsjahren. Das wichtigste allerdings, die für wissenschaftliches Arbeiten unerläßliche Verschlagwortung des Arolser Gesamtbuchbestands, blieb leider aus.

Die lückenlose bibliographische Erschließung ist erste und unabdingbare Voraussetzung für eine intensive wissenschaftliche Auseinandersetzung mit der von der Gesamthochschule Kassel mehr als 40 Kilometer entfernten Bibliothek. Dieses umso mehr, da in den historischen Bibliotheksräumen aus verständlichen Gründen kein Publikumsverkehr gestattet ist. Benutzer sind auf einen unregelmäßigen Fahrdienst angewiesen, der ausgewählte Bücher nach Bestellung in die Kasseler Hochschulbibliothek (und wieder zurück) transportiert. Dort sind sie in der Handschriftenabteilung der Murhardschen Bibliothek unter Aufsicht einsehbar. Nur, präzise und lückenlose Bestellungen müssen über einen vollständig durch Schlag- und Stichworte untereinander vernetzten Katalog gewährleistet sein, und das ist – wie gesagt – noch nicht der Fall.

Eine vorläufige Sichtung des alphabetischen Kataloges hat in bezug auf die Kunstliteratur eine Zahl von 400 bis 600 Titeln ergeben. Diese Summe ist unter den geschilderten Bedingungen jedoch nur als Arbeitshypothese zu verstehen.[1] Dennoch: Gehen wir davon aus, daß der Gesamtbuchbestand der Arolser Bibliothek bei 35000 Titeln liegt, scheint die Kunstliteratur somit kaum ins Gewicht zu fallen (Broszinski, S. 127).

Ausschlaggebend für eine Beurteilung des Bestands kann nun nicht dessen Quantität sein. Unter qualitativen Gesichtspunkten birgt die Bibliothek im Bereich der Kunstliteratur in Wirklichkeit Schätze, die aufmerksam monographisch oder in ihrem historischen Zusammenhängen zu untersuchen sich lohnen würde.

---

[1] Mehrbändige Werkausgaben wurden einfach gezählt. Der geringe Anteil von Werken der antiken Poetik und Rhetorik blieb unberücksichtigt. Vgl. den Aufsatz von Karl-Heinz Nickel in diesem Band.

Die Bibliothek besteht aus drei untereinander zusammenhängenden Räumen, die in einer Flucht im linken Schloßflügel angeordnet sind. Kunstliterarisches im anfangs skizzierten Sinne wurde vornehmlich in Raum II aufgestellt, wobei man dabei durchaus versucht hat, nach systematischen Kriterien vorzugehen: Die Gliederung erfolgte grob nach „Kunst im allgemeinen", „Museumskunde", „Architektur", „Malerei", „Ästhetik", „Archäologie", „Kunstgewerbe", „Kupferstiche" und „Zeitschriften". Es kann freilich nur von dem Versuch einer systematischen Aufstellung gesprochen werden, denn sie ist weder übersichtlich noch einheitlich und konsequent durchgehalten.

So stoßen wir wiederholt auf verstreute thematische „Inseln". Ein Beispiel mag das verdeutlichen: Werke zur Architektur finden wir sowohl in den Regalreihen 1 wie auch in den Regalreihen 3 und 4 des zweiten Raums. Ebenso verhält es sich mit Titeln zur Museumskunde oder zur Malerei, die nicht nur in einem Regal zusammengefaßt, sondern in den zwei getrennten Regalen 1 und 3 verteilt wurden, ohne daß ein Grund dafür ersichtlich wäre. Dazwischen finden wir „Diverses" (ebenfalls mit bedeutenden Werken zur Museumskunde) sowie Literarisches und stoßen regalweise gar auf Militaria.

Schwerer wiegt, daß die Aufstellung der Kunstliteratur zudem nicht nur auf einen Raum beschränkt ist. Mitunter sind verschiedene Werke oder Werkausgaben einzelner Autoren über die ganze Bibliothek verstreut: Auf Winckelmann stößt der Benutzer ebenso in Raum I wie in Raum II. Das trifft beispielsweise auch auf zwei bei der Durchsicht des Zettelkataloges entdeckte Stichsammlungen des Augsburgers Gabriel Bodenehr zu, deren deutsche Ausgabe in Raum I aufgestellt wurde, während die französische wiederum in Raum II zu finden ist (Bodenehr 1710, 1726). Ein Stichwerk mit Landschaftsansichten Bodenehrs steht neben der vorerwähnten französischen Sammlung von Stichen (ders. o. J.).

Das Beispiel zeigt, daß die Dringlichkeit einer Verschlagwortung nicht oft genug unterstrichen werden kann. Da die Aufstellungssystematik jedoch historisch gewachsen ist, ist sie nicht revidierbar. Folglich können die Mängel nur katalogisch behoben werden. Aufgrund der fehlenden Verschlagwortung wurden Bodenehrs Werke rein zufällig gefunden, denn Bodenehr zählt nicht zu den weithin bekannten Stechern, nach denen man gezielt im alphabetischen Katalog suchen würde: Das Zufallsprinzip ist ein schlechter Ratgeber bei wissenschaftlichem Arbeiten.

Die Kupferstichsammlungen sind zum Teil in Mappen zusammengefaßt, zum Teil gebunden. Wie weit die Stiche katalogisiert wurden, bleibt noch zu ermitteln. Von kunsthistorischem Interesse könnten auch ungezählte illustrierte Werke aus den Bereichen Militaria, Naturwissenschaft und Technik sein.

Und auch in dem enormen Bestand der Reiseliteratur – 40 laufende Regalmeter – dürften noch zahllose nicht untersuchte Reflexionen über Kunst und Ästhetik verborgen sein. Erinnert sei in diesem Zusammenhang an den Boom der Italienreisen – den voyages pittoresques – im 18. und frühen 19. Jahrhundert. Die Kunstreisen sind zwar mittlerweile wissenschaftlich gut aufgearbeitet worden, eine dezidierte Prüfung kunstgeschichtlicher Aspekte in unbekannten oder weniger bekannten Werken der Reiseliteratur könnte jedoch noch einiges ans Licht befördern. Unter diesem Aspekt zu untersuchende Texte gezielt über den Katalog ausfindig zu machen, ist unter den oben skizzierten Bedingungen nur in den Fällen möglich, wo im Titel bereits auf Kunstbetrachtungen hingewiesen wird.[2]

Es gilt also: Das Korpus des Kunstliteraturbestands in der FWHB dürfte sich noch beträchtlich erhöhen, wenn auch jene Werke berücksichtigt werden, in denen *unter anderem* von Kunst die Rede ist.

Der größte Teil der in Arolsen vorhandenen Kunstliteratur ist etwa bis 1850/60 erschienen, das meiste davon im 18. Jahrhundert. In der zweiten Hälfte des 19. Jahrhunderts sind zwar noch zahlreiche Titel erworben worden, wobei es sich allerdings nicht selten um Publikationen der Massenpresse handelt, die unter antiquarischen Gesichtspunkten meist von untergeordnetem Interesse sind. Rückschlüsse über Sammlungsintentionen und Auswahlkriterien sind aber sicherlich möglich. Jedenfalls zeichnet sich die beginnende Popularisierung der Kunstgeschichte im Historismus hier bereits ab.

Die beiden großen Verkaufsauktionen haben den Anteil der Kunstliteratur nicht wesentlich geschmälert. Die meisten der angebotenen Titel befinden sich nach wie vor in der Bibliothek. Als vielleicht größter Verlust muß jedoch Dürers *Befestigungslehre* von 1527 gelten, die auf der 1856er Auktion versteigert wurde.

---

[2] Als Beispiel seien genannt: Cochin, Volkmann.

III. Kunsttheoretische Schriften der Aufklärungszeit – Eine Auswahl

Den enormen Boom ästhetischer Schriften in seinem Zeitalter hat schon Johann Gottfried Herder ironisch registriert:

„Jedermann kennet das Geschrei von Kunst, das, nachdem Winckelmann, Hagedorn, Lippert, Mengs geschrieben hatten, in Deutschland Mode war. Alles sollte Kunst lernen, das Kind in den Schulen, der Jüngling auf Universitäten, der Mann im Amt. Aus Statuen sollte der Geistliche predigen, aus Münzen der Jurist Urteil sprechen, aus Gemmen und Pasten der Maler malen, der Dichter dichten" (Herder, S. 133).

Interessant ist, daß Herder in seiner Aufzählung derer, die von der neuen „Kunstmode" affiziert waren, ausschließlich Personen aus Bürgertum, Beamtenschaft und Geistlichkeit nennt. Der Adel ist hier nicht präsent. Und das, obwohl maßgeblich dieser Stand durch seine Sammelleidenschaft überhaupt erst die Grundlagen für eine neue Auseinandersetzung des aufstrebenden Bürgertums mit der Kunst der Antike geschaffen hatte. Winckelmanns publizierter Erstling, seine bahnbrechenden *Gedanken über die Nachahmung der griechischen Werke...*, wäre ohne die Antikensammlung Augusts des Starken und seines Sohns und Nachfolgers August III. völlig undenkbar.

Auch Prinz Christian August von Waldeck (1744–1798) war ein begeisterter Antikensammler, der sich auf mehreren Reisen durch Italien eine ansehnliche Kleinkunst-Kollektion zusammenstellte (Bielefeld, S. 137ff.). Sein Interesse an der Kunst des Altertums mußte er durch einschlägige Lektüre nähren. Und somit ist seiner Kunstbegeisterung mit Sicherheit der Erwerb zahlreicher bibliophiler Kostbarkeiten der Kunstliteratur zuzuschreiben.

Die weitverzweigten, höchst komplexen Diskussionen über Kunst und Ästhetik im 18. Jahrhundert wurden jedenfalls auch am kleinen Waldeckischen Hof aufmerksam registriert, ob nur von Prinz Christian oder auch von anderen, mag einmal dahingestellt bleiben. Die Beschaffung von Titeln erfolgte indessen keineswegs systematisch und lückenlos. Vorlieben lagen zeitbedingt bei Werken zum klassischen Altertum, bei Architekturtraktaten, aufwendigen Stichpublikationen sowie Sammlungsverzeichnissen.

Die Werke Winckelmanns sind in verschiedenen Ausgaben vollständig präsent. Die Erstausgabe der *Gedanken* befindet sich aber nicht in der

FWHB. Winckelmann ließ lediglich 50 Exemplare drucken, die rasch ausverkauft waren. Daß davon keines seinen Weg nach Arolsen gefunden hat, ist daher nicht verwunderlich. In der fürstlichen Bibliothek gibt es die zweite, vermehrte Auflage, die Winckelmann 1756, noch kurz vor seiner Reise nach Rom, in Dresden erscheinen ließ.

Der Inhalt dieser schmalen programmatischen Schrift ist oft genug referiert worden. Es sei an dieser Stelle nur auf einen besonderen Aspekt aufmerksam gemacht, nämlich auf die politische Brisanz des Textes. Winckelmann ging es nicht nur um die Erneuerung der Kunst im Sinne des Griechentums. Er ging weit über die Kunst hinaus, indem er mit der Kritik an der Kunst seiner Zeit unmittelbar auf das Leben anspielte. Der degenerierten Lebensweise des modernen Menschen, die Körper und Seele krank gemacht habe, setzte Winckelmann das natürlich gewähnte Leben im antiken Griechenland entgegen. Und deutlich bezog er sich mit dieser Kritik auf den höfischen Lebensstil, was jedoch keinesfalls dazu beitrug, daß das Buch an den Höfen verpönt gewesen wäre. Allerdings hat sich durch die Lektüre der *Gedanken* in höfischen Kreisen auch nichts Grundlegendes im Lebensstil dieser Klasse geändert.

Winckelmann forderte die Leser dazu auf, sich einen durch Schlemmen und Völlerei aus der Form, das heißt aus der Kontur, geratenen „Sybariten unserer Zeit" (Winckelmann, S. 4) und einen schon frühzeitig durch asketische Lebensweise, Leibeserziehung und sportliche Wettkämpfe durchtrainierten griechischen Athleten zu vergegenwärtigen. Das war nicht nur eine Renaissance des Griechentums, sondern ein neuer Primitivismus. Der Vorzug liege bei den mit der Natur in Einklang lebenden Griechen, bei welchen selbst das Kostüm „der bildenden Natur nicht den geringsten Zwang antat. Der [!] Wachsthum der schönen Form litte nichts durch die verschiedenen Arten und Theile unserer heutigen pressenden und klemmenden Kleidung." (ebd., S. 6). Die Draperie „als Kunst von Bekleidung des Nackenden der Figuren" (ebd., S. 20) studierte Winckelmann ausdrücklich an drei Frauenfiguren, die sich noch heute in der Dresdener Antikensammlung befinden.

Winckelmanns zentrale Lehre vom „Kontur", dem schönen Umriß, sei anhand einer Abbildung aus dem *Recqueil des marbres antiques* von 1733 verdeutlicht, welches der Oberaufseher der Dresdener Sammlungen, Raymond Le Plat, herausgab.

R. Leplat, *Recqueil des Marbres Antiques* (1733). Vestalin.

Unmittelbar nach dem Erwerb der berühmten Antikensammlung der römischen Kardinäle Albani und Chigi hatte August der Starke bereits deren Publikation in einem großen Stichwerk geplant. Die ersten Zeichnungen dazu entstanden noch 1729 in Rom, und im nämlichen Jahr nahmen schon berühmte Stecher in Rom, Nürnberg und Augsburg ihre Arbeit auf.

Die in diesem Folioband abgebildeten Statuen, die noch heute den Kernbestand der Dresdener Antikensammlung bilden, beeinflußten nicht nur Winckelmanns Geschmacksbildung, sondern „vermittelten mehreren Generationen eine Vorstellung von den Dresdener Antiken" (Heres, S. 83).

Der Neoklassizist des 18. Jahrhunderts würde in der Vestalin auf der Abbildung wahrscheinlich eine Person voller Natürlichkeit, Wahrheit, Schlichtheit, Ruhe, Bescheidenheit, Anmut und Einfachheit erkennen: Das neue Menschenideal wurde im Übermenschlichen angesiedelt.

Wichtig war Winckelmann, daß die Konturlinie der Figur, also der körperliche Umriß, nicht durch das Gewand verdeckt würde, vielmehr der Körperbau durch die leichte Draperie sichtbar bleibe. Er wandte sich damit gegen die aufwendige Mode des Rokoko (Reifrock, Schnürbrüste), die in seinen Augen schlicht gegen die Natur verstoßen habe.

Die Griechen hätten aus der Summe schöner Anschauungen menschlichen Daseins in der Natur die ideale Schönheit im Einzelwerk gebildet, sich gleichsam mittels Abstraktion von der reinen Abbildung äußerer Formen gelöst, indem sie sich auf deren Wesenheiten konzentrierten und diese in eins, in die menschliche Figur, zusammenführten. Das war eine der zentralen Thesen Winckelmanns. Und daß dieses auf Platon zurückgehende Verfahren anzuwenden auch später möglich gewesen sei, also ein allgemeines Prinzip darstelle, versuchte Winckelmann an Raffaels *Sixtinischer Madonna* zu beweisen, die in seinen Augen alles vereinte, was die antike Plastik verkörperte: idealische menschliche Größe, Harmonie in ruhiger Stellung, aber auch Stille, Erhabenheit und nicht zuletzt eine große und edle Konturlinie.[3]

Weit weniger programmatisch nahm sich der Antikenkult in Philipp Daniel Lipperts *Dactyliothek* aus, obwohl Winckelmann hier maßgeblich Anschauungsunterricht erhalten hatte. Lippert war ab 1764 Zeichenmeister der Meißener Porzellanmanufaktur und wurde gleichzeitig Professor für

---

[3] Eine Abbildung findet sich in Hanfstaengel, o. S.

antike Kunst an der Dresdener Akademie. Seine Sammlungen „geschnittener Steine" waren in ganz Europa verbreitet. Ein Vorläufer Lipperts war der Altertumsforscher Baron Philipp von Stosch, dessen illustriertes Gemmenbuch *Gemmae antiquae...* schon 1724 erschienen war und von Lessing und Goethe gleichermaßen geschätzt wurde (»*...vom Schönen gerührt...*«, S. 353).

Daktyliotheken waren Sammelschränke für Gemmen und Pasten. Ob der aufgeklärte Mensch, wie Richard Friedenthal behauptet, sich beim Betrachten von Gemmensammlungen in kleinen Schublädchen sofort ins antike Griechenland versetzt gefühlt hat, mag bezweifelt werden (Friedenthal, S. 50). Interessant ist an dieser Stelle, daß der Zeitgeist auch in Arolsen wieder auf fruchtbaren Boden gefallen war. Vor einigen Jahren wurde hier eine Daktyliothek entdeckt, die 1779 eigens für Prinz Christians Vater, Friedrich von Waldeck, angefertigt worden war. (Michel, S. 143ff.). Das dürfte auch der Grund für die Bibliothekserwerbung des Lippertschen Buches sein.

Hinter der Idee der Daktyliotheken steckte jedenfalls schon die Idee einer systematischen Erforschung des Altertums durch eine Katalogisierung seiner Kunsterzeugnisse. An dieser Tendenz wird ganz deutlich, daß in der Kunst(wissenschaft) das enzyklopädische Zeitalter längst angebrochen war.

1752, ein Jahr nachdem Diderot und d'Alembert den ersten Band der großen *Encyclopédie* herausgegeben hatten, ließ Jacques Lacombe in Paris sein mehr als 700seitiges *Dictionnaire portatif...* erscheinen,[4] mit dem er „sich nicht an den Berufskünstler, sondern an die Gruppe der interessierten Liebhaber, der forschenden Laien" (Kümmel/Hüttel, S. 82) wandte.

Während Lacombe seinem Buch neben den Kunstbegriffen auch knappe Künstlerbiographien beifügte und damit noch eine mikrokosmische Vollständigkeit anstrebte, beschränkte sich Johann Georg Sulzer in seinem lexikalischen Hauptwerk ganz auf die Erläuterungen von Fachbegriffen und theoretischen Termini. Sulzers *Allgemeine Theorie der Schönen Künste* erschien in vier Bänden erstmals 1771 (erster Teil) und 1774 (zweiter Teil).[5] Dem Titel des Buches gemäß versuchte der Schweizer, „das Gemeinsame und das Unterschiedliche bei den schönen Künsten herauszustellen." (Pochat, S. 425).

---

[4] In Arolsen befindet sich die zweite Auflage von 1753.
[5] In der FWHB ist die Ausgabe von 1786/87 vorhanden.

Eine Übereinstimmung sah er vor allem darin, daß die „nachahmende Bildkunst" (Malerei und Plastik) nicht nur wie Dichtung und Musik Gefühle und Stimmungen beim Betrachter hervorrufe, sondern auch, daß durch diese Wirkungen die Gesellschaft moralisch gebessert werden könne. Folglich ging es Sulzer nicht lediglich um einfache Naturwiedergabe. Er forderte die „Naturverschönerung" im Sinne dieses ethischen Postulats, ein Ansinnen, das vor allem von den Stürmern und Drängern brüsk zurückgewiesen wurde.

Sowohl in der Tradition des Enzyklopädismus als auch im Antikenkult des Neoklassizismus ist das aufwendige Stichwerk von William Hamilton und Johann Heinrich Wilhelm Tischbein verankert. Die *Collection of engravings from ancient vases mostly of pure Greek workmanship* kam in zwei Foliobänden 1791/95 in Hamiltons Wohnort Neapel heraus.

Hamiltons Passion waren antike Vasen, von denen er sich, neben anderen Antiken, ein enormes Korpus zusammengesammelt hatte. „Da sieht es dann ganz verwirrt aus", schrieb der in Italien reisende Goethe, „die Produkte aller Epochen zufällig durcheinander gestellt: Büsten, Torsi, Vasen, Bronzen von sizilianischen Achaten, allerlei Hauszierrat, sogar ein Kapellchen, Geschnitztes, Gemaltes, und was er nur zufällig zusammenkaufte" (Justi, S. 607). Die systematische zeichnerische Erfassung mag also auch ein Versuch gewesen sein, ein wenig Übersicht in dieses Antiken-Chaos zu bekommen.

Von dem anekdotischen Beiwerk einmal abgesehen, ist das Stichwerk von hohem kunsthistorischen Interesse: Hamilton und Tischbein reproduzierten Vasen und Vasenbilder in der neuen Form des Umrißstichs. Und Tischbein war sich des Neuen dieser Betrachtungsweise ganz bewußt, „denn bis jetzt sind diese Sachen noch nicht erkannt worden, und [das] kann auch nicht eher geschehen, bis daß man viele dieser Zeichnungen beisammen findet" (Tischbein, S. 82).

Beim Umrißstich werden Form und Figur unter Verzicht auf jegliche Binnenzeichnung fast vollständig auf die äußere Umrißlinie reduziert. Diese formale Beschränkung war ein radikaler Bruch mit allen traditionellen Darstellungsprinzipien und forderte völlig neue Sehgewohnheiten ein. Goethe verwarf den Umrißstich maßgeblich mit der Begründung, er sei dilettantisch und nicht heroisch genug (Goethe, S. 285ff.).

Mit Winckelmann wird in der Kunstgeschichtsschreibung in der Regel der Beginn des Neoklassizismus angesetzt. Darüber darf allerdings nicht vergessen werden, daß es auch – zumeist moderate – Gegenpositionen zum Neoklassizismus gab, die in der historischen Perspektivierung nicht selten übergangen werden.

Winckelmann kannte die Kunstdebatte seiner Zeit genau und war sogar in der Lage, die Positionen spielerisch für seine Zwecke einzusetzen. Nach der Veröffentlichung der *Gedanken ueber die Nachahmung* verfaßte er anonym seine eigene Gegenschrift dazu mit dem Ziel, die Diskussion um seine Thesen zu entfachen und das Interesse an seinem Buch zu steigern. Dieser geschickte Public-Relations-Schachzug erschien 1756 unter dem Titel *Sendschreiben über die Gedanken der Nachahmung*. Darin argumentierte er so überzeugend aus der Sicht eines Anhängers barocker Kunstanschauung gegen den Neoklassizismus, daß er als Verfasser zunächst unentdeckt blieb. In vollendeter Dialektik verfaßte Winckelmann schließlich auf seine Selbstwiderlegung eine ‚Richtigstellung' im Sinne des Neoklassizismus.[6]

Gottsched hielt in einer Rezension Christian Ludwig von Hagedorn für den Autor des *Sendschreibens*. Der Leipziger Professor hatte den sächsischen Diplomaten am Hof August III. bereits als Verehrer der von Winckelmann so verachteten zeitgenössischen, „modernen" Malerei kennengelernt. Hagedorns Debutwerk, die *Lettres à un amateur de peinture* waren fast gleichzeitig mit Winckelmanns *Gedanken* im Jahre 1755 erschienen. Das Buch befand sich einst ebenfalls im Besitz der FWHB, ist aber auf der Auktion von 1826 veräußert worden. Von Hagedorn besitzt die Arolser Bibliothek noch sein im 18. Jahrhundert einflußreiches Hauptwerk, die *Betrachtungen über die Mahlerey*.

Die fast 900 Seiten umfassenden *Betrachtungen* schrieb Hagedorn, der 1764 schließlich zum ersten Generaldirektor der Dresdener Kunstsammlungen avancierte, während des Siebenjährigen Krieges. Das Werk ist die Quintessenz seiner ästhetischen Anschauungen und darüber hinaus ein Kompendium zur Theorie und Praxis der Malerei.

In den *Betrachtungen* entsteht ein anregendes Wechselspiel aus Kunsttheorie, Poetik und einer in Ansätzen hieraus entwickelten Stilkritik der

---

6   Alle drei Schriften in einem Band, vgl. Winckelmann.

Malerei. War Hagedorn einerseits noch den älteren barocken Regelkodizes verpflichtet, weisen seine Überlegungen, wie ein Kunstwerk zu beurteilen sei, auf die Gefühlsästhetik der Romantik hin. Indem er sich am französischen Sensualismus orientierte, stellte er die subjektiv-sinnliche Kunstbeurteilung, also die Empfindungen, in den Mittelpunkt seiner Ästhetik. Insbesondere Jean Baptiste Dubos' *Réflexions critiques sur la poésie et sur la peinture* stand dabei Pate.[7]

Mit ihrem universalen Anspruch waren die *Betrachtungen* einem weitgefächerten Publikum interessant: Bürgerlichen Kunstliebhabern, Sammlern, Gelehrten und Künstlern ebenso wie den höfischen Mäzenen mit ihren großen Sammlungsbeständen. Daß die *Betrachtungen* auch ihren Platz in Arolsen haben, ist insofern nicht verwunderlich.

Wenden wir uns noch einmal Hagedorns Kunstlehre zu. Auffällig ist seine Liebe zu den „niederen Gattungen", Gesellschaftsgemälden, Tierstücken, Stilleben und vor allem zur Landschaftsmalerei. Letztere hatte im offiziellen Gattungsschema noch weit bis ins 19. Jahrhundert hinein ihren Platz hinter Historien- und Porträtmalerei zu behaupten.

Hagedorns Ideal landschaftlicher Darstellung könnte vielleicht mit einer Idyllendarstellung Salomon Gessners anschaulich illustriert werden. Gessner hatte bereits in den 50er Jahren des 18. Jahrhunderts mit seinen Hirtengedichten, den *Idyllen* literarischen Weltruhm erlangt, in denen er ein einfaches, ewig heiter-tändelndes, naturverbundenes Dasein im Geist des Rokoko schilderte. Später begann Gessner seine Visionen auch zu zeichnen. Er zählte Hagedorn zu den „grössesten Kenner[n]" und „grössesten Künstler[n]" (Gessner, Bd. 4, S. 273).

In diesem Zusammenhang setzte sich Hagedorn auch bereits frühzeitig mit den modernen Theorien der Landschaftsgärtnerei auseinander, was die theoretische Beschäftigung mit dem englischen Landschaftsgarten[8] in Deutschland vorbereiten half. Als Stichwort sei hier nur auf Christian L. Hirschfelds einflußreiches Werk verwiesen (Hirschfeld 1773, 1775).

Gemäß seiner Empfindungslehre zog der Kunstkenner und dilettierende Künstler Hagedorn die Farbe mit ihren Wirkungen der Zeichnung vor. Im

---

[7] In Arolsen ist die 1719 bei Mariette in Paris erschienene zweibändige Erstausgabe vorhanden, ferner die Ausgaben von 1736 und die von 1755 in drei Bänden.

[8] Vgl. z. B. Chambers.

Klassizismus wurden davon abweichend stets Zeichnung und Umriß der Vorzug gegeben, denn die Linie galt als „Ideenträgerin", während man dem Kolorit die niedere, irrationale Sinnlichkeit zuschrieb. Diese bereits im 17. Jahrhundert in Frankreich kanonisierte Hierarchisierung und Bedeutungsverteilung wurde zuletzt im Umrißstich noch einmal sehr radikal auf die Spitze getrieben.

Die neoklassizistische Ästhetik baute auf Gleichmäßigkeit, Größe, Idealität. Der Neoklassizismus wollte moralisierend und vorbildhaft, also umfassend menschheitsbildend sein. Aus diesem Grund sollten die Künstler sich vornehmlich auf die Darstellung des Menschen konzentrieren. Aber auch Hagedorn formulierte, wenn auch nicht so offensiv und visionär wie Winckelmann, die Aufgaben des Künstlers in der Gesellschaft. Indem er den Künstler daran erinnerte, daß er das Schöne darzustellen hatte, sollte dieser unmittelbar an der Geschmacksbildung des Publikums beteiligt werden. Sulzer griff diesen Gedanken, wie wir gesehen haben, in seinem Hauptwerk wieder auf.

Hagedorn wollte nicht die großen sittlichen Umwälzungen. Wenn überhaupt eine (Um-) Bildung stattzufinden hatte, dann eher privatim im Bereich ästhetischer Reflexion. Während sein Freund Winckelmann eine neue Inhaltsästhetik konzipierte, entwickelte Hagedorn eine auf den ästhetischen Genuß zielende Wirkungsästhetik der Malerei. Hagedorn stellte zwar die Wichtigkeit des Antikenstudiums nicht in Frage, aber er argumentierte immer gegen die Ausschließlichkeit dieses Anspruchs, da er der Meinung war, daß die Kunstentwicklung nicht mit der Antike aufgehört habe, und daß andere Kunststile ebenfalls ihre Berechtigung hätten.

Hagedorns Denken war an historischen Abläufen orientiert. Er zog daraus den Schluß, daß eine Galerie eine „lebende Geschichte der Malerei" sein müsse, in welcher Gemälde gemäß ihrer historischen Entwicklung oder nach Schulen geordnet präsentiert werden müßten. In seiner späteren Tätigkeit als Generaldirektor der sächsischen Akademien und Kunstsammlungen drang er darauf, beide Institutionen zu Anstalten der allgemeinen Geschmacksbildung auszubauen. Unter seiner Leitung verloren die Kunstinstitutionen dann „den exklusiven Charakter einer fürstlichen Privatsammlung, die der Forderung nach Repräsentation ebenso entsprochen hatte wie den Wünschen des sammelnden Liebhabers" (Menz, S. 52).

So weit kam es in Arolsen freilich nicht. Zwar waren sowohl die Antikensammlung wie auch das Naturalienkabinett der Fürstin Christiane den Arolsern zugänglich (Hüttel, S.12). Eine Öffnung der fürstlichen Sammlungen im großen Stil, etwa in Form eines öffentlichen Museums, hat es hier bis in jüngste Zeit nicht gegeben, zum einen wohl deshalb, weil die Kunstschätze des kleinen Fürstentums nie wirklich mit den großen Sammlungen in Dresden oder Potsdam konkurrieren konnten, zum anderem sicherlich auch, weil in dem ländlich dominierten Raum das Interesse an Kunst und ihrer öffentlichen Präsentation wohl eher gering war.

Daß in Arolsen viel Größeres geplant war, als tatsächlich entstand, ist bekannt. Aber nicht nur durch die enorm aufwendige Hofhaltung, vor allem durch den viel zu groß dimensionierten, in Anlehnung an Versailles konzipierten Schloßbau stand die Residenz im 18. Jahrhundert mehrfach am Rande des Staatsbankrotts (Hüttel, S. 10f.). Man hatte sich verkalkuliert. Was vielleicht zu unmittelbaren Planungen anregend gewirkt hat und bei Vorhandensein der entsprechenden Mittel tatsächlich hätte entstehen können, dokumentieren zahlreiche architektonische Musterbücher und Traktate in der Bibliothek. Daß diese erworben wurden, um als Anregungen für eigene architektonische Vorhaben zu dienen, kann jedoch nur vermutet werden.

Zuletzt seien in diesem Zusammmenhang zwei große Stichwerke vorgestellt, die in der Geschichte der Architekturtheorie eine Vorrangstellung einnehmen und die wiederum das Interesse am Arolser Fürstenhof an zeitgenössischen Kunstströmungen- und Debatten erkennen lassen. Zu nennen wäre etwa die große Vitruv-Ausgabe, die Claude Perrault 1684 herausgab und seinem König, Ludwig XIV., widmete.

Perrault trat hierbei nicht lediglich als Übersetzer des römischen Ingenieurs und Architekten auf den Plan, sondern wirkte vielmehr als dessen Kommentator und, wie im Titel angedeutet, Korrektor (eine Anmaßung, die sich ein moderner Herausgeber nicht mehr erlauben würde). Er beließ es nicht bei einer rein historisch-interpretativen Auslegung, sondern er versuchte mit Hilfe der Kunst, in diesem Fall der Architektur, unmittelbar in die ästhetische Debatte der Gegenwart einzugreifen. Winckelmann sollte ja später genau das gleiche tun. Perraults zentrale, von Vitruv abweichende Aussage lautete nun: Architektonische Proportionsregeln seien nicht mehr vom menschlichen Körper abzuleiten. Architektur basiert laut Perrault nicht auf Naturgesetzen, sondern vielmehr auf ganz immanenten Regeln und Proportionen:

Sein Einwand richtete sich gegen eine normative Architekturästhetik, zugunsten einer am willkürlichen, am *bon gout*, orientierten. Perraults Versuch, die Architektur von den Konventionen seines Zeitalters zu lösen war jedoch „bei den Zeitgenossen wenig erfolgreich" (Kruft, S. 153).

C. Campell, *Vitruvius Britannicus*, Vol I (1715). St. Pauls Church.

Sich weniger unmittelbar auf Vitruv beziehend als auf Palladio und den Begründer des palladianischen Klassizismus in England, Inigo Jones, war Colin Campbells *Vitruvius Britannicus* (1715ff.). Campbells drei Stichwerke waren die erste und gelten sogar als die „bedeutendste englische palladianische Publikation" (Dobai, S. 264). Er wollte mit seinen insgesamt 295 Stichen beweisen, daß „die gegenwärtige englische Architektur die Erbin der antiken und der Renaissance-Architektur" war (Kruft, S. 266). Vor allem die Abbildungen waren stilistisch neuartig, indem Campbell viele Bauwerke lediglich in Grund- oder Aufrissen oder überhaupt stark vereinfachend wiedergab (Dobai, S. 265). Aber gerade dadurch eigneten sie sich besonders gut als Musterbücher. Könnte dies vielleicht eine Erklärung dafür sein, daß die Anschaffung des dritten Bandes des *Vitruvius Britannicus* nicht erfolgte, weil das Arolser Schloß zwar 1722 eingeweiht, Campbells dritter Band aber erst drei Jahre später erschien und das Interesse daran zwischenzeitlich erlahmt war? Vielleicht wird die systematische Erschließung der Arolser Bibliothek und ihrer Kunstliteratur nicht nur dazu beitragen, das Leserinteresse am waldeckischen Fürstenhaus zu untersuchen, sondern auch das Bestandsprofil genauer zu bestimmen. Die hier vorgestellte – zugegeben – etwas willkürliche Auswahl von Werken zur Kunsttheorie mag einen kleinen Eindruck von dem überaus breiten Spektrum dieses Korpus vermittelt haben.

Literaturhinweise

a) Quellen

Bodenehr, Gabriel 1710: *Europens Pracht und Macht in 200 Kupfer-Stücken*. Augsburg ca. 1710.

— 1726: *Force d'Europe* (...), Augsburg ca. 1726.

— o. J.: *Landschaften. In Kupfer gestochen*. Augsburg, 250 Blatt.

Campbell, Colin 1715/1717: *Vitruvius Britannicus or, The British Architect*. Bd.1, London 1715, Bd. 2. London 1717. (Bd. 3, London 1725, fehlt in der FWHB).

Chambers, William 1763: *Plans, Elevations, Sections, and Perspective Views of the Gardens and Buildings at Kew in Surry*. London.

Cochin, Charles Nicholas 1769: *Voyage d'Italie au receuil des notes sur les auvrages de peinture et de sculpture, qu'on voit dans les principales villes d'Italie*. 3 Bde. Paris.

D'Alembert, Jean le Rond; Diderot, Denis1751–1780: *Encyclopédie, ou dictionnaire raisonné des sciences, des arts et des metiers/ par une soc. de gens de lettres*. Paris.

Dubos, Jean Baptiste 1719: *Réflexions critiques sur la poésie et sur la peinture*. Paris.

Gessner, Salomon 1765: *Schriften*. 4 Bde. Zürich.

— 1771: *Kupferstiche*. 10 Blatt. O. O.

Goethe, Johann Wolfgang 1973: *Rezension der Flaxmanischen Werke*. In: Ders., *Kunsttheoretische Schriften und Übersetzungen. Schriften zur bildenden Kunst I*. In: *Berliner Ausgabe*, Bd. 19. Berlin (Ost), Weimar, S. 285-292.

Hagedorn, Christian Ludwig von 1762: *Betrachtungen über die Mahlerey*. Leipzig.

Hamilton, William / Tischbein, Wilhelm 1791–95: *Collection of engravings from ancient vases mostly of pure Greek workmanship etc*. 4 Bde. in 2 Bdn. Neapel.

Hanfstaengel, Franz (Hg.) 1860: *Die vorzüglichsten Gemälde der königlichen Galerie in Dresden*. 3 Bde. Dresden.

Heinse, Wilhelm 1787: *Ardinghello und die glueckseligen Inseln, eine italienische Geschichte aus dem 16. Jahrhundert*. Lemgo.

Herder, Johann Gottfried 1978: *Gotthold Ephraim Lessing*. In: Otto, R. (Hg.) 1978: *Denkmale und Rettungen. Literarische Portraits*. Berlin (Ost) / Weimar, S. 133.

Hirschfeld, Christian L. 1773: *Anmerkungen ueber die Landhaeuser und die Gartenkunst*. Leipzig.

— 1775: *Theorie der Gartenkunst*. Leipzig.

Lacombe, Jacques 1753: *Dictionnaire portatif des beaux-arts, ou abregé de ce qui concerne l'Architecture, la Sculpture, la Peinture, la Gravure, la Poésie & la Musique; etc*. Nouvelle Edition. Paris.

Lippert, Philipp Daniel 1767/1776: *Dactyliothec: das ist Sammlung geschnittener Steine der Alten aus denen vornehmsten Museis in Europa zum Nutzen der schönen Künste in 2000 Abdrucken*. Leipzig. (Hauptband und Supplement in der FWHB zusammengebunden).

Perrault, Claude 1684: *Les dix livres d'architecture de Vitruve/ corrigez et traduits nouvellement en François, avec des notes & des Figures*. Paris.

Le Plat, Raymond 1733: *Recqueil des Marbres Antiques qui se trouvent dans la Galerie du Roy de Pologne a Dresden.* Dresden.

Stosch, Philipp von 1724: *Pierres antiques gravées et expliquées.* Amsterdam.

Sulzer, Johann Georg 1786/87: *Allgemeine Theorie der Schönen Künste in einzeln, nach alphabetischer Ordnung der Kunstwörter auf einander folgenden, Artikeln abgehandelt.* Neue vermehrte Auflage, 4 Bde. Leipzig.

Tischbein, Johann Heinrich Wilhelm: *Brief an Anna Amalia von Sachsen-Weimar-Eisenach, vom 18. Dezember 1792.* In: Haufe, Eberhard (Hg.) 1965: *Deutsche Briefe aus Italien. Von Winckelmann bis Gregorovius.* Leipzig, S. 82.

Winckelmann, Johann Joachim 1756: *Gedanken ueber die Nachahmung der griechischen Werke in der Malerey und Bildhauerkunst.* 2., vermehrte Auflage. Dresden.

Volkmann, Johann Jacob 1781/82: *Neueste Reisen durch England, vorzüglich in Absicht auf die Kunstsammlungen, Naturgeschichte, Oekonomie, Manufakturen und Landsitze der Großen.* 4 Bde. Leipzig.

b) Kritische Literatur

Hüttel, Richard / Kümmel, Birgit (Hgg.) 1992: *»...indessen will es glänzen«. Arolsen, eine barocke Residenz.* Korbach 1992. (Kat.).

Bielefeld, Doris 1992: *„Zur Antikensammlung des Prinzen Christian August von Waldeck."* In: Hüttel/Kümmel 1992, S. 137–142.

Broszinski, Hartmut 1992: *„Bausteine zu einer Arolser Bibliotheksgeschichte."* In: Hüttel/Kümmel 1992, S. 112–128.

Dobai, Johannes 1974: *Die Kunstliteratur des Klassizismus und der Romantik in England.* Bd.1: *1700–1750.* Bern.

Friedenthal, Richard o. J.: *Goethe. Sein Leben und seine Zeit.* Stuttgart.

Heres, Gerald 1991: *Dresdener Kunstsammlungen im 18. Jahrhundert.* Leipzig.

Hüttel, Richard: *„»...indessen will es glänzen«. Arolsen, eine barocke Residenz."* In: Hüttel/Kümmel 1992, S. 9–13.

Justi, Carl 1943: *Winckelmann und seine Zeitgenossen.* Bd. 2, 4. Aufl. Leipzig.

Menz, Henner 1962: *Die Dresdener Gemäldegalerie.* München, Zürich.

Michel, Simone 1992: *„Die Arolser Daktyliothek."* In: Hüttel/Kümmel 1992, S. 143–154.

Kruft, Hanno-Walter 1985: *Geschichte der Architekturtheorie. Von der Antike bis zur Gegenwart.* München.

Pochat, Götz 1986: *Geschichte der Ästhetik und Kunsttheorie. Von der Antike bis zum 19. Jahrhundert.* Köln.

Schlosser, Julius 1924: *Die Kunstliteratur. Ein Handbuch zur Quellenkunde der Neueren Kunstgeschichte.* Wien.

»...vom Schönen gerührt...«. Kunstliteratur des 17. und 18. Jahrhunderts aus Beständen der Bibliothek Oettingen-Wallerstein. Universität Augsburg. Nördlingen 1988. (Kat.).

Karl-Heinz Nickel

Die rhetorischen Lehrbücher
der Fürstlich Waldeckischen Hofbibliothek zu Arolsen

I.

Seit ihrer ersten systematischen Darstellung durch Aristoteles steht die Rhetorik im Dienst der Bildung und der Lebenstaktik. Entsprechend hoch wird sie nach ihrem Ausbau zur neuzeitlichen Schuldisziplin noch im 18. Jahrhundert bewertet – wäre doch, Gottsched folgend, „eine mit der Weisheit verbundene Beredsamkeit die Regentin des menschlichen Lebens."[1]

So überrascht es nicht, das Fach Redekunst in der Waldeckischen Schulordnung von 1704 zu Fragen der Ethik und besonders der Affektenlehre herangezogen zu sehen, da diese „aus Aristotelis Rhetorica besser, als seinen Libris Ethicis zu lernen" sei.[2] Und selbstverständlich bilden rhetorische Lehrbücher ein eigenes Korpus im Bestand der Arolser Sammlung.

Zunächst sollen anhand der Auktionskataloge die verlorengegangenen (Kap. II), sodann die noch vorhandenen (Kap. III) Werke vorgestellt werden, um mit einem Charakteristikum der Arolser Sammlung (Kap. IV) an einen weitgehend vergessenen Bereich unserer kulturellen Überlieferung zu erinnern.

II.

Die Arolser Bibliothek ist heute mit rhetorischen Schriften, insbesondere mit deutschen Rhetoriken, nicht reich bestückt. Von den Klassikern der Rhetorik – Aristoteles, Cicero, Quintilian – fehlt Aristoteles vollständig. Anderes ist verschollen.

Überprüft man die Kataloge jener beiden Auktionen, die 1820 und 1856

---

1 Gottsched, *Vorrede*, S. *7r; zu Gottsched vgl. Ueding/Steinbrink, S. 104ff.
2 Vormbaum, S. 163; die Schulordnung von 1704 auch in Curtze, S. 31–101.

den Buchbestand der Hofbibliothek minderten, so zeichnet sich im Auktionsverzeichnis von 1820 ein Schwerpunkt bei der Homiletik mit Predigtsammlungen der berühmtesten Kanzelredner des 18. Jahrhundert ab. Zur Rhetorik dagegen werden lediglich – ohne Verfasserangabe – aufgeführt:
– *Der aufrichtige Cabinetprediger.* 2 Teile in 1 Bde. Frankfurt, Körner, 1717;[3]
– *Principes pour la lecture des orateurs.* 3 Bde., Paris 1753;[4]
– *Essai sur les bienséances oratoires.* 2 Bde., Paris 1753;[5]
– *Vies des anciens orateurs grecs, avec des Refléxions etc.*, 2 Bde., Paris 1752;[6]
– *Connaissance des bautez [!] des défauts de la poésie et de l'éloquence dans la langue françoise etc.*, Nouv. Edit., La Haye 1751.[7]

Der Katalog von 1856 bietet klarere Auskunft. Offenbar konnten nur seltenere Titel aus der Zeit zwischen Humanismus und Spätbarock profitabel veräußert werden. Immerhin erlaubt es die Liste des heute Fehlenden, unsere Kenntnis vom Arolser Buchbestand zur Rhetorik um 1800 zu vervollständigen und Rückschlüsse auf die im Buchbestand der Arolser Sammlung abgebildete Bildungsgeschichte zu ziehen.

Verkauft wurde die Rhetorik des Aristoteles in einer latinisierten Übersetzung von 1529 (Speyer, S. 4, Nr. 83).

In der Liste folgt die mittelalterliche Figurenlehre des angelsächsischen Mönches Beda Venerabilis: *De schematibus et tropis sacrae scripturae* mit Beispielen aus den Werken des Augustinus in einer Baseler Ausgabe von 1536.[8] Darin werden die rhetorischen Figuren und Tropen der Bibel mit dem

---

[3] *Verzeichniß*, S. 18, Nr. 205.

[4] Ebd., S. 94, Nr. 1181, auf dieses Werk verweist ausdrücklich Zachariä, S. 34, ohne einen Verfasser zu nennen. Als Verfasser wurde Edme Mallet (1713–1755) nachgewiesen. Eine deutsche Übersetzung erschien Hamburg 1757 von „C.L.R.", der Übersetzer konnte nicht ermittelt werden.

[5] Ebd., S. 94, Nr. 1182; Edme Mallet ist auch Verfasser dieses Werkes.

[6] Ebd., S. 106, Nr. 1361; genauer Titel: *Vies des anciens Orateurs grecs, avec des Reflexions sur leur Eloquence, des Notices de leur Ecrits, & des Traductions de quelquesuns de leur Discours.* Paris 1751–1752. Verfasser ist Louis Georges Oudart Feudrix de Bréquigny (1714–1794).

[7] Ebd., S. 94, Nr. 1188; ermittelt wurden zwei frühere Ausgaben: (1) Londres, aux dépens de la Société, 1749 und (2) London 1750 mit dem ausführlichen Titel: *Connaissance des Beautez et des Defauts, de la Poésie, et de l'Eloquence dans la Langue françoise, à l'usage des jeunes Gens, et surtout des Etrangers, par M. D.****. Verfasser ist Voltaire (1694–1778).

[8] Speyer, S. 5, Nr. 161, vgl. *Lexikon des Mittelalters*, Bd. 1, Sp. 1774–1779 und Ueding/Steinbrink, S. 58.

Ziel erläutert, ihre Überlegenheit gegenüber den weltlichen antiken Autoren nachzuweisen.

Die Rhetorik des byzantinischen Philosophen und Theologen Georgios Trapezuntis in einer Baseler Ausgabe von 1522 wurde ebenfalls verkauft.[9]

Auch ein Formelbuch für Juristen, das *Formulare Advocatorum et Procuratorum romane curie* (Hagenau 1502)[10] und ein Briefsteller, die *Rhetorica und Formulare, teutsch* (Tübingen 1528)[11] werden aufgeführt und fanden ihren Käufer. Ebenso eine *Ars memorativa* (Köln 1506) des weniger bekannten Georgios Sibutis.[12]

Angebunden an eine vollständige Dialektik des Theologen und Gegners Martin Luthers, Jacobus Latomus (eigentlich Jacques Masson), waren die Lobrede auf die Beredsamkeit (*Encomion eloquentiae* von 1523) und die lateinische Übersetzung der Demosthenes-Reden[13] mit einer Vorrede von Philipp Melanchthon,[14] der hier zu den rhetorischen Figuren der Bibel erklärt:

„Die Propheten hätten sie, wie ich meine, nicht gebraucht, wenn sie nicht sachdienlich wären. So seht ihr nun, warum ich rhetorische Studien empfehle: Wenn wir nämlich gewisse Richtlinien des sprachlichen Ausdrucks nicht gründlich lernen, können wir weder unsere eigenen Gedanken darlegen, noch die Schriften aus früherer Zeit verstehen, die uns erhalten sind" (Melanchthon, S. 155).

Philologische Studien und die Abfassung eigener Texte sind ohne rhetorische Kenntnisse für Melanchthon undenkbar.

Verkauft wurde auch die Rhetorik (Marburg 1539) des Reformators Erasmus Sarcerius.[15] Ebenso die von dem Humanisten Petrus Mosellanus (eigent-

---

[9] Speyer, S. 18, Nr. 934; zu Trapezuntis (1396–1484) vgl. *Tusculum-Lexikon*, S. 179.

[10] Ebd., S. 23, Nr. 1115.

[11] Ebd., S. 53, Nr. 2491; zur ars dictaminis vgl. Ueding/Steinbrink, S. 63–66 u. M. Camargo/W.W.: *Ars dictandi, dictaminis*, in: *HWR*, Bd. 1, 1, Sp. 1040–1046.

[12] Ebd., S. 24, Nr. 1178.1; bei Yates nicht genannt.

[13] Zu Demosthenes (384–322 v.Chr) vgl. ders., S. 302ff.: *Die Rhetorik des Demosthenes*.

[14] Speyer, S. 36, Nr. 1807, vgl. zu Melanchthon (1497–1560) Ueding/Steinbrink, S. 82f. u. Berwald, S. 110/111, Nr. 26, zur Vorrede S. 136, Nr. 100.

[15] Speyer, S. 41, Nr. 2001.

lich Peter Schade) edierte *Institutio oratoria* des Quintilian (Basel 1527).[16]

Schließlich fanden wichtige rhetorische Werke des Pädagogen und Schriftstellers Christian Weise 1856 einen Käufer: *Der grünenden Jugend nothwendige Gedanken*, Leipzig 1690; *Politischer Redner / Das ist: Kurtze und eigentliche Nachricht / wie ein sorgfältiger Hofemeister seine Untergebene zu der Wolredenheit anführen sol*, Leipzig 1701 und *Curieuse Fragen über die Logica*, Leipzig 1704.[17]

In der Vorrede zu seinen *Nothwendigen Gedanken* stellt Weise die Nützlichkeit dieser drei Werke für die Pädagogik vor: Damit ein junger Mann in „Ehren sich in der Welt kan sehen laßen", muß er „etliche Nebenstunden mit Versschreiben zubringen". Will er aber sein Glück bei Hofe machen und dort seine Klugheit zeigen, muß er zuvor in das „Politische Hoff-Leben" eingeführt werden. Dazu ist es nötig, in der Schule entsprechende Vorkenntnisse zu vermitteln, deshalb lehrt er „nicht allein die Poeterey und Oratorie, sondern auch die Politica."[18] Seine *Nothwendigen Gedanken* sind eine Poetik, für die Oratorie empfiehlt er seinen *Politischen Redner*, und seine *Logica* ist eine Anweisung für eine vernünftige, politische Argumentation. Diese praktische Ausrichtung seiner Schriften begründet auch deren Erfolg. Sie fanden Eingang in viele Schulordnungen des 18. Jahrhunderts, so auch in die erwähnte Waldeckische Schulordnung von 1704, die empfiehlt, für die Oratorie, Geographie, Historia, Stilübungen und die Logik aus Werken Christian Weises zu lehren. Er gehörte mithin zu den Pflichtautoren des Waldeckischen Schulwesens.[19]

---

[16] Ebd., S. 43, Nr. 2090; der Humanist Petrus Mosellanus (1493–1524) war von 1520 bis 1523 Rektor der Leipziger Universität, als Philologe, Herausgeber, Übersetzer und Interpret antiker Schriftsteller.

[17] Ebd., S. 64, Nr. 3007–3009; Weise (1642–1708) als Rhetoriker: Ueding/Steinbrink, S. 100f., 115, als Pädagoge: Horn, darin Werkverzeichnis, S. 297–306.

[18] Weise, *Werke*, Bd. 21, S. 6–9.

[19] Vormbaum, Bd. 3, S. 152, 154, 159, 166.

III.

Die in der Hofbibliothek noch vorhandenen rhetorischen Lehrschriften stammen durchweg aus dem 18. Jahrhundert. Bringt man sie in chronologische Ordnung, so steht an erster Stelle der attische Redner Isokrates in einer französischen Übersetzung: *Oeuvres complettes d'Isocrate / trad. en françois par M. l' Abbé Auger.* 3 Bde., Paris 1781.[20] Die aus der Zeit seiner Lehrtätigkeit stammenden, stilistisch bis zur Vollkommenheit ausgearbeiteten Reden dienten hauptsächlich als Musterbeispiele für den Schulbetrieb.

Cicero ist mit einer lateinischen Leidener Ausgabe von 1761 vertreten, in der seine Jugendschrift *De inventione* und die Cicero zugeschriebene einflußreiche erste römische Rhetorik, die sogenannte *Rhetorica ad Herennium*, enthalten sind.: *Ciceronis Rhetoricorum Ad Herennium Libri quatuor et De Inventione Libri duo.*

Die *Rhetorica ad Herennium* ist die erste vollständig ausgearbeitete antike Rhetorik, d. h. es sind alle fünf Teile einer klassischen Redekunst enthalten: Inventio – Dispositio – Elocutio – Memoria – Actio / Erfindung – Ordnung – Stil – Auswendiglernen – Vortrag.[21]

Die Cicero-Ausgabe von 1761 verarbeitet, worauf im Titel ausdrücklich hingewiesen wird, alle bekannten Interpretatoren und Rezensenten seit der Renaissance bis ins 18. Jahrhundert. Der Herausgeber war der Amsterdamer Professor Pieter Burmann, der sich insbesondere auf die Ausgaben von Johann Michael Brutus, Johann Georg Graevius und Franz von Oudendorp stützte. Burmanns Ausgabe erlebte noch zwei Auflagen im 19. Jahrhundert.[22]

Hinzuweisen ist noch auf eine deutsche Ausgabe von Ciceros Briefen von dem bekannten Rhetoriker Johann Christian Gottlieb Ernesti, ein Neffe des noch berühmteren klassischen Philologen, Theologen und Begründers der profanwissenschaftlichen Auslegung der Bibel, Johann August Ernesti. Beide

---

20 Wurde 1856 ebenfalls angeboten, aber nicht verkauft, siehe Speyer, S. 34, Nr. 1732–1734; zu Isokrates (436–338) vgl. Ueding, S. 22ff., eine deutsche Übersetzung: Isokrates 1835–1836.
21 Vgl. die Neuausgabe von 1994.
22 Zu Burmann (1714–1778) vgl. Pökel, S. 36, zu dem Wiener Historiographen Johann Michael Brutus (1516–1594) S. 34, zu dem Utrechter klassischen Philologen Johann Georg Graevius (1632–1703) S. 99–100 u. zu Franz von Oudendorp (1696–1761), Professor in Leyden, S. 197.

waren Professoren für Eloquenz an der Leipziger Universität und hatten auf die Antike-Studien im 18. Jahrhundert den größten Einfluß. Ernesti hat seine Auswahlausgabe von neunzehn Briefen mit *philosophischen und rhetorischen Anmerkungen begleitet* (Titel), die zur Kanonisierung Ciceros im lateinischen Studium der Zeit erheblich beitrugen.[23]

Zwei andere Werke von Johann Christian Gottlieb Ernesti haben in der Rhetorikgeschichte ihren festen Platz behalten können: Das
– *Lexicon Technologicae Graecorum Rhetoricae*, Leipzig 1795, und das
– *Lexicon Technologicae Latinorum Rhetoricae*, Leipzig 1797.

Sie waren die klassischen Nachschlagwerke der Zeit um 1800 und gehörten noch zu den Arbeitsbüchern Goethes.[24] Dem enzyklopädischen Gedanken der Aufklärung folgend verkörpern sie keine Darstellung der rhetorischen Systematik, sondern sind alphabetisierte Lexika, deren Lemmata die wichtigsten Stellen aus den klassischen Autoren verzeichnen und für die lateinischen und griechisch Beispiele eine deutsche Übersetzung angeboten.

Das einflußreichste Werk von Johann August Ernesti waren die seit 1750 erscheinenden *Initia rhetorica*, lange Zeit das führende Lehrbuch auf Schulen und Universitäten.[25]

Die monumentale Zusammenfassung des gesamten rhetorischen Wissens der Antike durch die *Institutio Oratoria* des Quintilian, ein Grundbuch abendländischer Tradition, ist in der Arolser Bibliothek in einer französischen Ausgabe von 1716[26] und in einer lateinischen Ausgabe von 1738 vertreten.

Der Herausgeber und Kommentator der berühmten in weiteren vier Auflagen verbreiteten französischen Ausgabe war der Abbé Nicolas Gedoyn[27]; der Herausgeber der lateinischen Ausgabe kein geringerer als Johann Mat-

---

[23] Zu Johann Christian Gottlieb E. (1755–1802) vgl. Pökel, S. 73.

[24] Goethe notierte in den *Tag- und Jahresheften* für 1813 (*Hamburger Ausgabe*, Bd. 10, S. 513) „In Absicht auf allgemeineren Sinn in Begründung ästhetischen Urteils hielt ich mich immerfort an Ernestis *Technologie griechischer und römischer Redekunst* und bespiegelte mich darinnen scherz- und ernsthaft mit nicht weniger Beruhigung, daß ich Tugenden und Mängel nach ein paar tausend Jahren als einen großen Beweis menschlicher Beschränktheit in meinen eigenen Schriften unausweislich wieder zurückkehren sah."

[25] Zu Johann August E. (1707–1781) vgl. Eckstein, in *ADB*, Bd. 6, S. 237 u. Pökel, S. 72–73.

[26] Auch dieses Werk wurde 1856 angeboten und nicht verkauft, vgl. Speyer, S. 51, Nr. 2397.

[27] Zu Gedoyn (1667–1744) vgl. Pökel, S. 90.

thias Gesner, der in Göttingen ab 1734 lehrende Professor für Philologie und Pädagogik.[28] Zahlreiche Werkausgaben antiker Autoren von Gesner befinden sich noch in der Arolser Bibliothek.

Ein wichtiges dichtungstheoretisches Werk der Antike, die lange dem Longinus zugeschriebene Schrift *Vom Erhabenen* wurde 1674 von Nicolas Boileau ins Französische übersetzt und herausgegeben: *Traité Du Sublime ou Du Merveilleux Dans le Discours, Traduit du Grec de Longin*.[29]

Die in Arolsen befindliche Schrift bildet ein Gegenstück zur aristotelischen Nachahmungspoetik, die Boileau in seinem gleichzeitig erschienen Lehrgedicht *L'Art Poetique* vorträgt. Longin stellt den Dichter als genial schaffenden, dem „furor poeticus" folgenden, über allen Regeln stehenden Künstler vor. Für die Geschichte der Rhetorik ist die Abhandlung wichtig, weil sie auch Gründe für den Verfall der Beredsamkeit diskutiert, den sie im Asianismus des späten 1. Jahrhunderts, im Schwulst und hohlen Pathos der Kaiserzeit sieht. So konnte sie gegen Ende des 17. Jahrhunderts zur Referenzschrift für den gegen den Barockschwulst gerichteten Klassizismus der Aufklärung werden.

Wir verlassen nun die Antike und kommen zu einem rhetorischen Kompendium, den *Rhetorices contractae, sive partitionum oratoriarum libri quinque* (Leipzig 1674) des Gerhard Johannes Vossius,[30] eines der einflußreichsten Gelehrten des frühen 17. Jahrhunderts, der auch über Grammatik, Historik, Logik und Poetik schrieb. Er verfaßte seine Redekunst zum Gebrauch im Unterricht – mit Erfolg, wie das Arolser Exemplar erkennen läßt: Die leeren Seiten des durchschossenen Bandes sind voller handschriftlicher Notizen, die den häufigen Gebrauch belegen. Erst die Werke der Ernestis verdrängten dieses Schulbuch, dessen Leipziger Ausgabe nun wieder eine bekannte Persönlichkeit besorgte: Es handelt sich um Jakob Thomasius – Vater des späteren Aufklärers Christian Thomasius – der von 1656 bis zu seinem Tode 1684 in Leipzig den Rhetoriklehrstuhl innehatte.

---

28 Zu Gesner (1691–1761) vgl. Pökel, S. 93–94 u. Martens (Hg.) S. 53, 69ff.

29 In Boileau: *Oeuvres Diverses*. Paris, S. 231–380; zum Ps.-Longinos vgl. Ueding/Steinbrink, S. 38–40; moderne Ausgabe: Longinus, darin S. 152–155: *Zur Nachwirkung der Schrift »Vom Erhabenen«*, ebd. auch zu Boileau (1636–1711).

30 Zu Vossius (1577–1649), Professor in Leyden und Amsterdam, vgl. Pökel, S. 291–292.

So zeigt sich, daß die Rhetorik auch im 18. Jahrhundert von führenden Köpfen betrieben wurde, den beiden Thomasen, den Ernestis und Gesner als Vertretern der aufklärerischen Philologie und des Leipziger Neuhumanismus.[31]

Die besondere Leistung von Jakob Thomasius besteht darin, seiner Rhetorik zwölf Tabellen – *Tabellae Synopticae* – vorangestellt zu haben, die zusammengezogen eine Übersicht über die wichtigsten zeitgenössischen Wissenschaften bieten, einen enzyklopädischen Überblick für den Schüler. Der Schwerpunkt der rhetorischen Darstellung liegt hier auf der Inventio, der Affektenlehre und der Elocutio, der Figuren- und Tropenlehre, der späteren Stilistik, die Dispositio ist nur ganz kurz, aber in einem eigenen Kapitel abgehandelt, Memoria und Actio fehlen ganz. Dieser Aufbau deutet auf den Einfluß von Petrus Ramus hin, der die Rhetorik auf das „Ornamentale" verkürzt, im wesentlichen die Elocutio und die Actio ausführt, alle anderen Teile werden der „Dialektik" zugeschlagen, ein Zeichen dafür, daß die Philosophie die Rhetoriktradition des Renaissancehumanismus abgelöst hat.[32] Aber auch ein erster Hinweis darauf, daß die Rhetorik als Wissenschaft sich auflöst, ihre Teile in andere Wissenschaften übergehen und die Rhetorik letztlich als Stilistik fortbesteht.

Von dem Franzosen Bernard Lamy stammt eine Abhandlung *De l'art de parler*, von der sich ein Exemplar der zweiten Auflage von 1679 in Arolsen befindet.[33] Lamys von Petrus Ramus beeinflußte Ästhetisierung der Redekunst hat auf die deutschen Rhetoriklehrer der Frühaufklärung, besonders nach Gottscheds Empfehlung, stark gewirkt:

„Der erste sey Lami, der uns in seiner Art de parler eine recht gute Redekunst geliefert hat, ob sie gleich viel Dinge, die zu einer allgemeinen philosophischen Sprachkunst gehören, in sich hält [...] Der Begriff der Redekunst begreift sowohl eine Kunst zu überreden, als zu reden, in sich. Hier sieht man, daß er nicht allein die Beredsamkeit,

---

[31] Vgl. Martens (Hg.); in diesem Sammelband wird mehrfach des Jakob T. (1622–1684) und seines Sohnes Christian T. (1655–1728) gedacht, vgl. Register; zum Leipziger Neuhumanismus ebd. S. 52ff.

[32] Zu Ramus (1517–1572) vgl. Gerl, S. 122ff.

[33] Vgl. zu Lamy (1640–1715) den einleitenden Essay von Rudolf Behrens in der zweisprachigen Neuausgabe: Lamy, S. 8–55.

sondern auch die Wohlredenheit zum Gegenstande der Redekunst machet"(Gottsched, S. 32–3).
Wohlredenheitslehre heißt soviel wie Elocutio, die spätere Stilistik, eine Einschränkung, welcher Gottsched in seiner eigenen Redekunst widerspricht. Die komplexe Einschränkung, der die Rhetorik im Übergang vom Barock zur Aufklärung unterliegt, mag aber hier ein Werk des Zittauer Gymnasialdirektors Johann Christoph Wentzel illustrieren.[34]

Sein *Historischer Redner, worinnen aus allen Theilen der Historischen Fragen Herrn Johann Hübners [...] die merckwürdigsten Begebenheiten gezogen und zum Oratorischen Gebrauch appliciret worden, mit überall untermischten Theologischen, Politischen, Moralischen, Physicalischen, Historischen, Geographischen und andern curieusen Anmerckungen Allen aufgeweckten Gemüthern zur Ergötzlichkeit, und denen Liebhabern der frey- und gebundenen Wohlredenheit zu sonderbahren Nutzen an das Licht gestellet*, Leipzig 1711, beruft sich zunächst auf den nützlichen Verwendungszweck. Darunter versteht der im Titel genannte Hübner, nach Ketelsen „einer der wegweisenden Popularaufklärer des frühen 18. Jahrhunderts"[35], dessen Bücher der aufsteigenden bürgerlichen Elite einen wichtigen Teil des nötigen Orientierungswissens vermittelten, vor allem die Ausbildung für eine bürgerliche Karriere. Die Verquickung von Rhetorik und politen Disziplinen, wie Geschichte, Geographie, Genealogie, Staatslehre, Religion, bestimmen daher den Inhalt auch des Wentzelschen Werkes, wobei die res weit vor den verba rangieren. Dies wird am Inhalt besonders deutlich. Die neun Kapitel des 1123 Seiten starken Textteiles geben eine nach Paragraphen chronologisch-geographisch geordnete Übersicht über die Geschichte der Heroen, Potentaten und Regenten von der Antike bis zum Ende des 17. Jahrhunderts. Allein acht Seiten bieten eine Rechtfertigung der ausufernden Beispiele: *Nothwendiger Vorbericht oder Anweisung, wie sich ein Liebhaber der Wohlredenheit die Historie zunutze machen soll* (Wentzel, S. 1). Der Nutzen besteht in der Fertigkeit, die historische Exempelsammlung einzusetzen.

Über mehrere Register kann der angehende Redner aus der Geschichte die passenden Beispiele auswählen und nach den Regeln der Chrie (die in

---

[34] Zu Wentzel (1659–1723) vgl. Neumeister, S. 115, 258, 492, Zedler, Bd. 55, Sp. 55–57.

[35] Zu Hübner (1668–1731) vgl. Pökel, S. 126 u. *Literatur Lexikon*, Bd. 5, S. 497–8 (Ketelsen).

J. C. Wentzel, *Historischer Redner* (1711). Frontispiz.

der heutigen Aufsatzlehre nachlebt) ordnen. Die Form der Chrie bei Wentzel entspricht im übrigen den Vorschriften von Christian Weise, den wir bereits als Lehrbuchautor für die Rhetorik der Waldecker Schulordnung von 1704 identifiziert haben. Johann Hübner war Schüler und Johann Christoph Wentzel Nachfolger Christian Weises am Gymnasium in Zittau. Beide blieben treue Anhänger der Weiseschen Pädagogik.

Da die geistliche Beredsamkeitslehre seit der Auktion von 1820 im Arolser Bestand weitgehend fehlt, stehen die *Heiligen Reden über wichtige Wahrheiten der Lehre Jesu Christi*, die der einflußreiche Theologe und Kanzler der Göttinger Universität, Johann Lorenz von Mosheim, ab 1725 herausgab, vereinzelt in der Arolser Sammlung. Das greifbare Exemplar aus der letzten Auflage 1757 enthält allerdings alle Vorreden, die Mosheim früheren Ausgaben seiner Predigten mitgab, und unterrichtet über die Grundsätze seiner Homiletik:

> „Ich bemühe mich zuerst, wenn ich etwas aufsetzen soll, meine Gedanken in Ordnung zu bringen und alle Begriffe meines Geistes, die zu der Hauptsache gehören, aufzuklären. Ich schreibe hernach so, wie die Gedanken sich nacheinander meinem Gemüthe zeigen und überlasse dem Witze, den mir die Güte des Herrn verliehen, der Einbildung und dem Gedächtnisse die Mühe, die Wörter zu suchen, zu ordnen, und so viel Schmuck, als die Wahrheit und Deutlichkeit dulden kann, hinzuzusetzen" (Mosheim, Bd. 1, S. 53).

Das Bekenntnis zum rationalistischen Ethos der Aufklärung nach Vorgabe der rhetorischen Trias Inventio, Dispositio und Elocutio ist auch Mosheims Schüler Johann Peter Miller nicht fremd, der den Göttinger Theologielehrstuhl 1766 übernahm. Seine *Anweisung zur Wohlredenheit nach den deutschen und französischen auserlesensten Mustern*, die 1776 in dritter Auflage erschien, ist ein Seitenstück zur eigenen Homiletik,[36] dessen theoretischen Teil er allerdings aus John Lawsons (1712–1759) *Richtiger Vorstellung von der wahren Natur der Beredsamkeit* (*Lectures concerning Oratory*, Dublin 1759) entnimmt (Miller, S. 9–209). Die zweite deutsche Übersetzung von 1777 hat Miller mit eigenen Anmerkungen und Beispielen versehen, die vor

---

[36] Zu Miller (1725–1789) vgl. *ADB*, Bd. 21., S. 759–751 (Wagenmann); *Literatur Lexikon*, Bd. 8., S. 166 (Rudolf W. Keck); Kosch 3. Aufl., Bd. 10, Sp. 1090–1 (Ingrid Bigler), hervorragender Pädagoge, bekannt als „Candidatenmakler."

allem das Lebenspraktische der Beredsamkeit betonen. So wird dieses Unikat lange vor dem Kniggeschen Buch zu einer Lehre des privaten und öffentlichen Umgangs mit Menschen.

Auch von Johann Christoph Stockhausen, Gymnasialdirektor in Hanau, besitzt die Arolser Bibliothek unter anderem eine Predigtsammlung, doch nur in seinem *Critischen Entwurf einer auserlesenen Bibliothek für den Liebhaber der Philosophie und schönen Wissenschaften, In einigen Sendschreiben* kommt neben der Philosophie, den schönen Wissenschaften, der Musik und den übrigen ästhetischen Fächern der Zeit auch die Beredsamkeit zu Wort. Das geschmackspädagogische Werk steht bereits am Übergang von der Rhetorik zur Stilistik, den Johann Christoph Adelung mit seinem Traktat *Ueber den Deutschen Styl*, Leipzig 1785,[37] vollzieht. Seine Abhandlung folgt zwar noch den Maßgaben der Elocutio mit ihrer Tropen- und Figurenlehre. Modern ist Adelung in seinem Bemühen dem Hochdeutschen gegen die sprachlichen Provinzialismen zum Durchbruch zu verhelfen.

Ähnliche geschmackbildende Ziele verfolgt Hugh Blair, bekannt als Herausgeber der Lieder Ossians. Er hielt 24 Jahre lang in Edinburgh Vorlesungen, ehe er 1783 seine *Lectures on rhetoric and belles lettres* herausgab,[38] ein Handbuch der Rhetorik, Poetik und Stilistik mit Kapiteln zum Geschmack, über das Erhabene und Schöne und über Literaturkritik.

Neben den Lehren zur politischen, theologischen und ästhetischen fehlt es schließlich nicht an der *Anleitung zur gerichtlichen Beredsamkeit* (1810). Ihr Verfasser war der Heidelberger Staatsrechtler Karl Salomon Zachariä,[39] der das im 19. Jahrhundert maßgebliche Lehrbuch für die Disziplin vorlegte.

Zachariä hatte das Werk geschrieben, um bei seinen Vorlesungen „des Dictirens überhoben zu seyn" (Zachariä, S. V) und bei Redeübungen schneller vorangehen zu können. Zugleich erfüllte er im Rückgriff auf die Reden des französischen Kanzlers Henri François d'Aguesseau (1668–1751)[40] eine

---

[37] Zu Adelung (1732–1806) vgl. Ueding/Steinbrink, S. 133, 138; liegt heute wieder als Nachdruck vor.

[38] Zu Blair (1718–1800) vgl. Abrams, S. 124ff. u. ö.; eine deutsche Übersetzung von Karl Gottfried Schreiter erschien von 1785–1788. Schreiter (1756–1809) war Professor der Philosophie in Leipzig und übersetzte auch andere englische Philosophen ins Deutsche.

[39] Zu Zachariä (1769–1843) vgl. Ueding/Steinbrink, S. 145–147.

[40] Seine Werke erschienen auch auf Deutsch: *Reden und andere Werke*. 2 Teile. Leipzig 1762.

wissenschaftliche Forderung: „Die deutsche Literatur hat im Fache der gerichtlichen Reden bis jetzt nur Wünsche und Hoffnungen!" (Zachariä, S. 41).

Durch die Indienstnahme der Rhetorik für einzelne Wissenschaften wie die Jurisprudenz, Politik und Medizin verlor sie im Laufe des 19. Jahrhunderts ihre Eigenständigkeit. Die Auflösung des klassischen rhetorischen Systems hatte wie gesagt schon im 17. Jahrhundert mit Petrus Ramus und mit der Entstehung der Stilistik im 18. Jahrhundert begonnen. Nun kommt die Verselbständigung der Actio, der Deklamationslehre, hinzu. Schon gegen Ende des 18. Jahrhunderts ist die Deklamation[41] eine eigenständige Kunst, in der es u. a. der Dichter Ludwig Tieck zu anerkannter Meisterschaft gebracht hatte.

Als Schulfach weist sie die 1805 in Magdeburg anonym herausgekommene *Übung im Deklamieren für Knaben und Jünglinge* und später *Die Kunst des Vortrags* (1880) von dem bekannten Rezitator Emil Palleske aus.[42] Dieser durchlief eine Ausbildung als Schauspieler, erkannte dann seine besondere Begabung für den Vortrag und trat an mehr als 3000 Abenden als Rezitator in Deutschland, Holland, Österreich, England, Rumänien und Rußland auf.

Neben Angaben zur psychischen und physischen Disposition des Vortragenden liefert er praktische Hinweise für das Rezitieren von Dichtungen. Dabei greift er auf die musikalische Kompositionslehre von Klopstock und Goethes Vorstellungen von der Deklamation zurück und fordert Leseseminare an Schulen und Universitäten. Die Beschränkung der alten Rhetorik auf einen Sonderbereich bürgerlicher Privatöffentlichkeit ist damit – von der Theaterpraxis einmal abgesehen – endgültig vollzogen. Auch das ist vom Buchbestand der Hofbibliothek abzulesen, für die während des 19. Jahrhunderts so gut wie keine Redekünste mehr angeschafft wurden.

---

[41] Vgl. Sandstede: *Rhetorische Deklamation*, in: *HWR*, Bd. 2, Sp. 481–507.
[42] Zu Palleske (1823–1880) vgl. *ADB*, Bd. 25, S. 99–100 (Joseph Kürschner), eine zweite Auflage seiner Vortragskunst erschien 1884. Eine umgearbeitete und ergänzte vierte Auflage der Vortragskunst gab Alexander von Gleichen-Rußwurm noch 1920 heraus. Bekannt wurde Palleske durch eine zweibändige Schillerbiographie, die über zehn Auflagen erlebte.

IV.

Ein Resümee der ehemaligen Bestände an Lehrbüchern zur Rhetorik der Hofbibliothek muß nun trotz der eingangs erwähnten Verluste vom rhetorikgeschichtlichen Standpunkt positiv ausfallen: Alle Klassiker der Redekunst und wichtige Neuausgaben der Renaissance und der Reformation waren ursprünglich vorhanden, der Schwerpunkt lag aber eindeutig auf dem 18. Jahrhundert und hier überwogen die französischen Ausgaben, dies vielleicht das Spezifikum einer Adelsbibliothek, denn die Sprache der Höfe war noch französisch. Daß die Lehrbücher der Schulordnung von 1704 auch zu den ehemaligen Beständen gehörten, weist auf ihre praktische Bedeutung als Handbibliothek für die fürstliche Familie hin.

Literaturhinweise

a) Quellen

Adelung, Johann Christoph 1785: *Ueber den Deutschen Styl.* 3 Teile. Berlin. (ND Hildesheim, New York: Olms 1974; Documenta Linguistica, Ergänzungsreihe).

Anonym 1805: *Übung im Deklamieren für Knaben und Jünglinge* 1805. Magdeburg.

Aristoteles 1980: *Rhetorik.* Übersetzt, mit einer Bibliographie, Erläuterungen u. einem Nachwort v. Franz G. Sieveke. München.

Blair, Hugh 1788: *Lectures on Rhetoric and Belles Lettres.* 3 Bde. Basel.

— 1785–1788: *Vorlesungen über Rhetorik und schöne Wissenschaften.* Aus dem Englischen übersetzt u. mit einigen Anm. u. Zusätzen begleitet v. Karl Gottfried Schreiter (4 Teile in 2 Bdn.). Liegnitz und Leipzig.

Boileau, Nicolas 1683: *Oeuvres diverses du Sieur D*** Avec Le Traité du Sublime ou du Merveilleux dans le Discours, Traduit du Grec de Longin.* Paris, Amsterdam.

Cicero, Marcus Tullius 1761: *Rhetoricorum ad Herennium Libri quatuor, et de inventione Libri duo, cum integris Dionysii Lambini, fulvii Ursini, Jani Gruteri, Jacobi Gronovii, et excerptii aliorum Notis, variantitus Codicum MSS. lectionibus, et ineditis animadversionibus Joh. Georgii Graivii (Additis sub finem Joh. Miachaelis Bruti, et ineditis Notis Francisci Oudendorpii. Curante Petro Burmanno Secundo).* Leiden.

— 1789: *Auserlesene Briefe Cicero's übersetzt und mit philosophischen und rhetorischen Anmerkungen begleitet* v. J.C.G. Ernesti. Leipzig.

— 1976: *De oratore / Über den Redner.* Lateinisch und Deutsch. Übersetzt, kommentiert u. mit einer Einleitung hg. v. Harald Merklin. Stuttgart.

Demosthenes 1985: *Politische Reden.* Griechisch/Deutsch. Übersetzt u. hg. v. Wolfhart Unte. Stuttgart.

Ernesti, Johann August 1784: *Initia Rhetorica.* Leipzig.

Ernesti, Johann Christian Gottlieb 1795: *Lexicon Technologiae Graecorum Rhetoricae.* Leipzig.

— 1797: *Lexicon Technologiae Latinorum Rhetoricae.* Leipzig.

Goethe, Johann Wolfgang 1982: *Werke.* Hamburger Ausgabe. Bd. 10: *Autobiographische Schriften II.* Textkritisch durchgesehen v. Lieselotte Blumenthal u. Waltraud Loos. Kommentiert v. Waltraud Loos u. Erich Trunz. München.

Gottsched, Johann Christoph 1736/1973: *Ausführliche Redekunst, Nach Anleitung der alten Griechen und Römer, wie auch der neuern Ausländer. Geistlichen und weltlichen Rednern zu gut, in zween Theilen verfasset und mit Exempeln erläutert.* Leipzig. (ND Hildesheim, New York: Olms; Documenta Linguistica. Ergänzungsreihe)

Hübner, Johann 1697–1707: *Kurtze Fragen aus der politischen Historia. Den Lehrenden und Lernenden zur Erleichterung aufgesetzet.* (10 Bde.). Leipzig.

Isokrates 1781: *Oeuvres complettes d' Isocrate trad. en françois par M. l' Abbé Auger.* 3 Bde. Paris.

— 1832–1836: *Werke*. Bd. 1–4, 5–8. Übersetzt v. Adolph Heinrich Christian. Stuttgart. (Griechische Prosaiker in neuen Übersetzungen).

Lamy, Bernard 1676: *De L'Art de Parler*. Paris.

— 1676/1753/1980: *De l'art de parler/Kunst zu reden*. Hg. v. Ernstpeter Ruhe mit einem einleitenden Essay *Perspektiven für eine Lektüre des art de parler* von Bernard Lamy v. Rudolf Behrens. Reprographischer Nachdruck der Ausgaben Paris 1676 und Altenburg 1753. München. (Reihe Rhetorik. Editionen und Untersuchungen. Bd.1).

Longinus 1988: *Vom Erhabenen*. Griechisch/Deutsch. Übersetzt und hg. v. Otto Schönberger. Stuttgart.

Melanchthon, Philipp 1989: *Glaube und Bildung. Texte zum christlichen Humanismus*. Lateinisch/Deutsch. Ausgewählt, übersetzt u. hg. v. Günter R. Schmidt. Stuttgart.

Miller, Johann Peter 1776: *Anweisung zur Wohlredenheit nach den deutschen und französischen auserlesensten Mustern*. 3., rechtmäßige, verm. Aufl. Leipzig.

Mosheim, Johann Lorenz von 1757: *Heilige Reden über wichtige Wahrheiten der Lehre Jesu Christi*. Bd.1.2. Hamburg.

Neumeister, Erdmann 1695/1978: *De poetis germanicis*. Lateinisch/Deutsch. Hg. v. Franz Heiduk in Zusammenarbeit mit Günter Merwald. ND der Auflage v. 1695. Bern, München.

Palleske, Emil 1880: *Die Kunst des Vortrags*. Stuttgart.

Quintilianus, Marcus Fabius 1738: *De Institutione Oratoria Libri Duodecim. Collatione Codicis Gothani commentario illustrati a Johann Matthias Gesner*. Göttingen.

— 1972: *Institutiones Oratoriae. Libri XII / Ausbildung des Redners. Zwölf Bücher*. Hg. u. übersetzt v. Helmut Rahn. 2 Bde. Darmstadt.

Rhetorica ad Herennium 1994: Lateinisch–Deutsch. Hg. u. übersetzt v. Theodor Nüßlein. Darmstadt (Sammlung Tusculum).

Speyer, August 1856: *Verzeichniß von Doubletten der Fürstl. Waldeck. Hofbibliothek in Arolsen welche, nebst vielen anderen, meist seltenen und wertvollen Werken, am 11. Juni 1856 und den folgenden Tagen in Arolsen öffentlich versteigert werden sollen. Eingesandt durch die Buchhandlung von Aug. Speyer in Arolsen, die sich zur Besorgung von Aufträgen bestens empfiehlt*. Mengeringhausen.

Stockhausen, Johann Christoph 1758: *Critischer Entwurf einer auserlesenen Bibliothek für den Liebhaber der Philosophie und schönen Wissenschaften. In einigen Sendschreiben*. 2., verb. u. verm. Aufl. Berlin.

Verzeichniß 1819: *Verzeichniß der Bücher, Gemählde und Kupferstiche, welche aus dem Nachlasse der wail. Frau Fürstin Christiane zu Waldeck geb. Pfalzgräfin bei Rhein etc. den 1ten May 1820 und folgende Tage öffentlich versteigert werden sollen*. Arolsen.

Vormbaum, Reinhold (Hg.) 1864: *Evangelische Schulordnungen*. 3 Bde., Bd. 3: *Die evangelischen Schulordnungen des achtzehnten Jahrhunderts*. Gütersloh.

Vossius, Gerhard Johannes 1674: *Rhetorices Contractae, Sive Partitionum oratoriarum Libri Quinque. Editio ad eam, quae ad ultimam Auctoris manum aliquot in locis auctior prodiit, exacta,& supra illam tum emendata, tum Indice aucta. Accesserunt Tabulae synopticae M. Jakob Thomasius*. Leipzig.

Weise, Christian 1675: *Der Grünen Jugend Nothwendige Gedancken/Denen überflüßigen Gedancken entgegen gesetzt*. Leipzig. (In: Ders., *Sämtliche Werke*, Bd. 21. Berlin, u. a.: de Gruyter 1978, S. 1ff. (Ausgaben deutscher Literatur des XV. bis XVII. Jahrhunderts, Bd. 76).

Wentzel, Johann Christoph 1711: *Historischer Redner, worinnen aus allen Theilen der Historischen Fragen Herrn Johann Hübners, [...] die merckwürdigsten Begebenheiten gezogen und zum Oratorischen Gebrauch appliciret worden, [...]*. Leipzig.

Zachariae, Karl Salomo 1810: *Anleitung zur gerichtlichen Beredsamkeit*. Heidelberg.

b) Kritische Literatur

Abrams, Meyer Howard 1978: *Spiegel und Lampe. Romantische Theorie und die Tradition der Kritik*. Übersetzt u. eingeleitet v. Lore Iser. München. (Theorie und Geschichte der Literatur und der schönen Künste, Bd. 42).

Berwald, Olaf 1994: *Philipp Melanchthons Sicht der Rhetorik*. Wiesbaden. (Gratia, Bd. 25).

Curtze, Karl 1857: *Die Volksschulgesetzgebung des Fürstenthums Waldeck*. Arolsen.

DBA = *Deutsches Biographisches Archiv*. 1982–1985. Hg. v. Bernhard Fabian. [...] bis zum Ausgang des 19. Jahrhunderts. Microfiche-Edition. München.

DBA NF = *Deutsches Biographisches Archiv. Neue Folge bis zur Mitte des 20. Jahrhunderts*. Hg. v. Willi Gorzny. 1989–1993. Microfiche-Edition. München.

Gerl, Hanna-Barbara 1989: *Einführung in die Philosophie der Renaissance*. Darmstadt.

Horn, Hans Arno 1966: *Christian Weise als Erneuerer des deutschen Gymnasiums im Zeitalter des Barock. Der "Politicus" als Bildungsideal*. Weinheim.

HWR = *Historisches Wörterbuch der Rhetorik* 1992/1994 (Band 1: A–Bib; Bd. 2: Bie–Eul). Hg. v. Gert Ueding. Darmstadt.

Martens, Wolfgang (Hg.) 1990: *Leipzig. Aufklärung und Bürgerlichkeit*. Heidelberg. (Zentren der Aufklärung, Bd.3).

Ludwig, Otto 1988: *Der Schulaufsatz. Seine Geschichte in Deutschland*. Berlin, New York.

Pökel, Wilhelm 1882: *Philologisches Schriftsteller-Lexikon*. Leipzig.

Ueding, Gert und Bernd Steinbrink 1994: *Grundriß der Rhetorik. Geschichte. Technik. Methode*. 3., überarb. u. erw. Aufl. Stuttgart, Weimar.

Ueding, Gert 1995: *Klassische Rhetorik*. München.

Yates, Frances A. 1990: *Gedächtnis und Erinnern. Mnemonik von Aristoteles bis Shakespeare*. Weinheim. (Zuerst: London 1966).

Friedrich W. Block

Nützlich und vergnüglich – vergnüglich oder nützlich: Zur Adressierung des Reiseberichts im 18. Jahrhundert

I.

„Die neuere Reiseliteraturforschung hat sich bis in die jüngste Zeit fast ausschließlich darauf beschränkt, Reiseberichte unter text- und autororientierten Gesichtspunkten auszuwerten, zu analysieren oder zu interpretieren. Gegenüber diesem Forschungsinteresse sind literatur- und gattungstheoretische Probleme ebenso in den Hintergrund getreten wie die Erforschung der Einbindung von Reiseliteratur in ihre vielfältigen historischen und sozialen Kontexte" (Brenner, S. 19).
Zu diesem Ergebnis kommt Peter J. Brenner am Beginn seines voluminösen Forschungsberichts zur Gattung des Reiseberichts. Bemerkenswert ist dieser Befund in zweierlei Hinsicht: Zum einen dokumentiert er, daß die Anstrengungen, mit denen die Literaturwissenschaft versucht hat, ihre Gegenstandsbereiche und Arbeitsweisen konzeptuell zu erweitern, in der Praxis vergleichsweise wenig Konsequenzen gehabt haben (es bleibt bei Text- und Autorzentrierung). Zum anderen ist der Reisebericht nur am Rande Gegenstand literaturtheoretischer Reflexion geworden. In diesem Zusammenhang blieb die wohl interessanteste Frage ungeklärt, ob dem Reisebericht Literarizität zukomme oder nicht. Ein Blick auf die bisherigen typologischen Ordnungsversuche bekräftigt nämlich Brenners Urteil ein weiteres Mal: Die meist implizit zugrunde gelegten Gattungskonzepte verfahren ausnahmslos und ausschließlich textorientiert, indem sie versuchen, anhand von Textmerkmalen die Frage zu entscheiden, ob der Reisebericht nun der Literatur zuzuordnen ist. Relativ durchgängig seit Manfred Links vierstelligem Modell einer „epischen Integration" von Reiseberichten bleibt auch innerhalb einzelner Ansätze[1], daß sowohl der Wert ‚literarisch' als auch der Wert ‚nicht-

---

[1] Vgl. den kurzen Überblick in Brenner, S. 19-25.

literarisch' der Gattung Reisebericht zugeschrieben werden. Man unterscheidet dabei bestimmte Texte oder Texttypen im Rahmen der Gattung aufgrund literaturfähiger Texteigenschaften. Als literarische Faktoren gelten etwa Subjektivität, verstanden als dargestelltes Erleben, Wahrnehmen und Empfinden des Individuums, Fiktionalität oder Ästhetizität der Darstellung.[2] Wolfgang Neuber hat zu Recht darauf hingewiesen, daß hier ein vorwiegend der Ästhetik des späten 18. Jahrhunderts verpflichteter Literaturbegriff vorausgesetzt wird. Neuber sieht in diesem Zugriff eine historische und methodische Einengung, der er einen vermeintlich weiter gefaßten Literaturbegriff entgegenhält, indem er die Argumentationsformen des Reiseberichts ins Zentrum stellt:

> „Die ‚Literarizität' eines Reiseberichts wird solcherart bestimmt durch die Findung und Auswahl (inventio) seines Materials sowie dessen argumentative und stilistische Verarbeitung. Ein solcher Literaturbegriff ist durch die Rhetorik definiert – nicht durch autonomieästhetische Spekulationen – und durch die Topik als den Ort, der gesellschaftlich relevante Argumentationsstrategien sozialgeschichtlich präzisiert" (Neuber, S. 52).

Mit dieser Konzeption und der Zuordnung der Gattung zur Historiographie wählt Neuber als typologische Folie seinerseits einen historischen Literaturbegriff, der dem autonomieästhetischen vorausgeht. Zu beobachten ist damit aktuell ein Ordnungsbewußtsein in bezug auf den Reisebericht, das die beiden zum Ende des 18. Jahrhunderts gebräuchlichen Konzepte anwendet: das moderne, das schon gilt und das vormoderne, das noch gilt. Interessant erscheint in diesem Zusammenhang der Reisebericht deshalb, weil der Umgang mit ihm beide Konzepte gelten läßt. Es wird nicht eines von beiden favorisiert, wie dies etwa mit der modernen Form des Romans geschieht, der im 18. Jahrhundert oft als Gegenmodell zum Reisebericht gilt.

Damit ist der Aspekt benannt, unter dem die Frage nach der Literarizität des Reiseberichts neu aufgegriffen werden soll: Es soll nicht ein bestimmter historischer Literaturbegriff angewandt werden, vielmehr soll es darum gehen, wie und von wem und in welchem Kontext dergleichen Anwendungen vorgenommen werden. Das Vorgehen unterscheidet sich von bisherigen

---

[2] Vgl. exemplarisch Strelka 1971 und 1985 sowie wesentlich differenzierter Segeberg.

Versuchen also insofern, als seine literatur- und gattungstheoretischen Voraussetzungen sich nicht von der Seinsweise des Werkes oder Textes her verstehen, sondern von Handlungskomplexen ausgehen, die beobachterabhängig gedacht werden. Leitend sind daher Entwürfe, die in einer sozialpsychologisch und konstruktivistisch orientierten Kommunikations- und Medientheorie entwickelt werden: Literatur versteht sich von daher nicht primär als ästhetisch variabel zu handhabender Textbegriff, sondern als ein mehrdimensionaler Komplex, dessen Untersuchung auf die Ebene eines sozialen Systems und seiner Umwelt bezogen bleibt – auch wenn dies wie in unserem Fall, wiederum an Texten erfolgt. Gattungen werden demnach – beginnend mit Klaus W. Hempfer, jedoch unter erheblicher Erweiterung, – wie andere literarische Ordnungseinheiten als Schemata kognitiver oder Konventionen kommunikativer Aktivität verstanden. Sie gelten als wandlungsfähige Formen kollektiven Wissens, die unter je individuellen, gleichwohl diskursiven, medialen und sozialstrukturellen Bedingungen zur Anwendung kommen. Der Begriff ‚Reisebeschreibung' dient demnach dazu, kognitiv bestimmte Konzepte bei der Textproduktion oder -rezeption anzustoßen. Kommunikativ regelt er die wechselseitigen Erwartungen in der Interaktion. Wir werden sehen, daß die Gattungsbezeichnung allerdings je nach Kontext verschieden konnotiert wird.

Bei der Untersuchung einzelner Phänomene, zumal in einem so begrenzten Rahmen, wie er für diesen Beitrag vorgesehen ist, muß dieser Kontext selbstverständlich sehr beschränkt werden.[3] Dennoch bleibt die folgende Analyse einiger Texte der Reiseliteratur auf ihn bezogen. Es wird dabei nicht um ihre Form oder ihren Sinn gehen, sondern darum, wie sich aus ihnen Aspekte eines metaliterarischen[4] Diskurses herauslesen lassen (Abschnitt II). Gesucht wurde nach Aussagen, die Motivation und Prinzipien der Textgenese bzw. der Veröffentlichung begründen, den Adressaten des Reiseberichts auf eine bestimmte Rezeptionsweise orientieren oder ihn auf einen bestimmten Lesertyp festlegen. Entsprechende Fundorte sind vor allem die Vorworte und Einleitungen der Autoren, Herausgeber und Verleger. Als Untersuchungsmaterial dienten rund 30 deutschsprachige Titel (vielfach

---

[3] Zur angedeuteten Diskussion vgl. z.B. László/Viehoff, Luckmann, Rusch, Schmidt 1994.
[4] Vgl. zu diesem Begriff Barsch.

Übersetzungen) aus dem umfangreichen Bestand an Reiseliteratur der Hofbibliothek Arolsen. Um die Frage nach den Kriterien für Literarizität beantworten zu können, werden die Aussagen sodann zum einen auf die uns bekannten Leitdiskurse des 18. Jahrhunderts bezogen (Abschnitt III). Zum anderen werden sie am Beispiel der zeitgenössischen Art zu lesen mit sozialen Handlungsmöglichkeiten in Verbindung gebracht (Abschnitt IV).

II.

Es hat sich bei der Suche nach geeigneten Belegen als hilfreich erwiesen zu untersuchen, wie die wirkungstheoretische Differenz von *prodesse* und *delectare* angewandt wird. In der ersten Hälfte des Jahrhunderts betont die Teleologie der Reisebeschreibung durchgängig das Nützen bei gleichzeitigem und meist didaktisch orientiertem Hinweis auf die Möglichkeit zu vergnügen. Die faktographische Ausrichtung wird vornehmlich mit dem Argument begründet, Kenntnisse wissenschaftlicher oder erbaulicher Art zu vermitteln, wobei Neuigkeit und Exotik des Beschriebenen die „Curiosität" des Lesers ansprechen sollen. Argumentative Topoi sind daneben vor allem die Versicherung der Wahrhaftigkeit und Authentizität des Beschriebenen, das Bekenntnis zu Genauigkeit und Schmucklosigkeit der Darstellung. Entsprechendes finden wir bereits in der Vorrede zu *Der nach Venedig überbrachte Mohr* des P. Dionysius Carli (1693):

„Ich habe auf so viel und weiten Reisen fast unerträgliche Müh / benebenst viel unglücklichen Zufällen ausgestanden. Wann du nun solches in genaue Betrachtung ziehest / wirst du vermuthlich mir nicht übel auslegen / daß ich dir dieselbe in einer schlechten und einfältigen Erzehlung vortrage; Gestalten du dich anbey versichert halten darffst / daß auch ich in Verfertigung des Buchs nicht über die Schranken habe tretten / sondern mich stets der Mohren ihrer Gebrauche erinnern / und deßwegen dir jenes so zu reden / ganz nackt und ohne einige Rednerische Zierde übergeben wollen. Lise demnach selbiges beedes mit einen Gottseligen und zugleich curiosem Gemüth / so wirst du dich vergnügen / und dir meine aufrichtige Intention vielleicht mehrers als die Zierlichkeit der Worte gefallen lassen" (Carli, o. S.).

Die Rede gegen rhetorischen Schmuck entspricht der genannten wissenschaftlichen oder erbaulich moralisierenden Zielsetzung, von der das nächste Beispiel, *die Allerneueste und wahrhaffte ostindianische Reise-Beschreibung* von Ernst C. Barschewitz (1730), spricht – übrigens auch unter Hinweis auf ein „gantz einfältiges und gemeines teutsches Kleid" der Darstellung:

„Reisen sind der Probierstein guter Gemüther; das Buch, daraus man die wahre *Klugheit* studiret, und der gebahnteste Weg zur Erkänntnis der Wercke des Allerhöchsten, der Städte und Länder, Policeyen und Gewohnheiten vieler Völcker, sein selbst und vieler tausend andrer trefflicher Sachen mehr" (Barschewitz, o. S.).

Barschewitz begründet die Hinzufügung eines weiteren Reiseberichts zu Indien mit botanischen Desiderata. Die Region der südwestlichen Inseln sei nicht beschrieben:

„[...] daß solchergestalt gegenwärtige meine Reise-Beschreibung zur Suplirung der Geographischen Wissenschaften in gewisser Masse dienen kan.

So kan ich auch versichern, daß die Herren Liebhaber der natürlichen Wissenschaften, sonderlich, die von der Botaniqu Profeßion machen, etwas hierinnen finden werden, so in ihren Krahm dienen wird. Und endlich, so ist meine dritte und zwar hauptsächlichste Raison hierunter gewesen, der Ehre meines GOTTES, welcher mich in der wilden Fremde unter so viel tausend Ungemach so gnädiglich erhalten, hierdurch und mit Beschreibung seiner Wunder-Geschöpffe den ihr gebührenden Decem abzustatten" (Barschewitz, o. S.).

Was oben bereits in der Wahl des Stils anklingt, wird andernorts mit Argumenten gegen fiktionale Gattungen, insbesondere gegen den zeitgenössischen Roman angereichert, wie das folgende Zitat aus der Vorrede des Herausgebers zu *Die neuesten Unruhen auf der Ost-Indischen Kueste* von Clement Downing (1738) zeigt:

„Reiß-Beschreibungen und Kriegs-Diarien sind noch immer diejenigen Schriften, die ihren Leser finden, und dessen Mühe mit einiger Ergötzung vergüten; zumal, wenn sie von der weiten Ferne, und gar aus Indien hergehohlt, mit neuen Entdeckungen ausgefüllt, und gleichwohl durch eine solche Feder beschrieben werden, die sich nicht dichte, sondern getreulich erzehle, zu legitimieren gewußt. [...]

Wann ein Geschichtschreiber seiner mit ihm lebenden Lands-Leute Namen fast auf allen Blättern seiner Schrift aufführet, ja sich ausdrücklich auf deren Zeugnis beruft, so kan auf ihn der Verdacht, daß er Fabeln für Historien verkaufe, nimmermehr fallen. Unser Verfasser, der, was er geschrieben, entweder selbst gesehen, oder von denen, die dabey gewesen, selbst gehöret, hat sich eben auf die erstgemeldte Weise als einen redlichen Mann bewähret. Es ist dahero zu hoffen, daß auch der, den Roman-Stellern ähnliche Anfang einer langen Erzehlung, die fast am Schluß des Buchs vorgebracht wird, durch den angehängten Tragischen Schluß sich vom Vorwurf einer Mähre erretten könne, und also die That würklich als eine Sache die sich zugetragen, erörtert, und allen unbilligen Folgerungen das Recht, an mehrern zu straucheln, benommen sey" (Downing, o. S.).

Für unsere Stichprobe läßt sich sagen, daß entsprechende Prinzipien auch noch am Ende des 18. Jahrhunderts für viele Reisebeschreibungen genannt werden. Dann allerdings gibt es konkurrierende Modelle, die entweder den Aspekt des Vergnüglichen oder den des Nützlichen hervorheben oder sogar einen von beiden isolieren. In der eben genannten Passage zeigt allerdings schon die Art des Bekenntnisses zum Faktischen, die nicht mit wissenschaftlicher Stimmigkeit, sondern mit autoptischem Erleben begründet und sich dezidiert mit poetischen Verfahren beschäftigt, daß hinter dem nominellen Primat des *prodesse* tatsächlich bereits eine zumindest gleichwertige Einschätzung des *delectare* durchscheint. Damit wird eine Dissoziierung der beiden Werte eingeleitet. Sehr deutlich wird dies, wenn bei den Lesern zwischen der breiten Gruppe der Liebhaber und der weitaus kleineren der Kenner unterschieden wird, zwischen solchen, die mehr zum Zeitvertreib, zur Unterhaltung (respektive zur unterhaltsamen Bildung) lesen, und solchen, die ein dezidiertes Fachinteresse haben. Häufig werden beide Gruppen gleichzeitig angesprochen und wird das jeweils für sie Spezifische genannt. In unserer Stichprobe finden sich solche Einlassungen erstmals und dann massiv in Publikationen seit den siebziger Jahren. Stewart weist allerdings nach, daß bereits in den vierziger Jahren explizit auf die Ansprüche verschiedener Lesertypen reagiert wird. Im folgenden Beispiel, *Carsten Niebuhrs Reisebeschreibung nach Arabien,* wird die Abgrenzung zugunsten der naturwissenschaftlichen Experten vorgenommen:

„Diejenigen, welche Reisebeschreibungen bloß zum Zeitvertreib lesen, finden gemeiniglich daran das größte Vergnügen, wenn der Reisende ihnen viele Nachrichten, wie er die fremden Nationen im Umgange gefunden, was er für Beschwerlichkeiten ausgestanden hat u. d. gl. Ich muß gestehen, dieß ist unterhaltender als eine trockene Beschreibung von der Lage der Städte, und der Wege die man gereiset ist, und ich hätte leicht von jenen gefälligen Merkwürdigkeiten mehr aufzeichnen können. Ich würde dabey nicht so viele Mühe und Gefahr gehabt haben, als bey der Entwerfung so vieler Grundrisse von Städten und der Reisecharte. Ich würde aber auch, wann ich jenes gethan, und hierin etwas versäumet hätte, die Absicht dieser Reise nicht erfüllt haben" (Niebuhr, S. XII).

Der Kasseler Professor Christian W. Dohm begründet seine „freye Übersetzung" von Ives' *Reisen nach Indien* (1774/75) und ebenso die Entscheidung, nicht nur ‚Gutes' und ‚Neues' auszuwählen, mit der Berücksichtigung beider Lesergruppen: „Eine Reisebeschreibung kann sich ausser den Gelehrten und Belesenen auch noch viele andre Leser versprechen, die zum Vergnügen oder zur Erweiterung ihrer nicht sehr ausgebreiteten Kenntnisse lesen" (S. VII). Dohm liefert übrigens in dieser Vorrede zum ersten Mal eine Begründung für das autoptische Beschreiben, das die persönliche Wahrnehmung und das private Erleben des Reiseberichterstatters – hier sogar aus Liebhaberei, nicht Profession – ins Zentrum stellt und dessen Individualismus sowohl gegen das konservative Wissenschaftsverständnis, etwa im Sinne Niebuhrs, als auch hin auf ein literarisches Interesse gerichtet ist:

„Großer, übersehender Geist; gelehrte Kenntnis des Zustands eines Landes in verschiedenen Epochen; enthusiastischer Forschungstrieb; scharfsinnige Beobachtung eines Gegenstandes aus mannichfachen Gesichtspuncten; vielseitiges Raisonnement: – dieß sind freylich herrliche Gaben, die man mit dankbarer Freude empfängt, wo man sie findet; – aber die man nicht das mindeste Recht hat, von jedem *Reisebeschreiber,* und also auch nicht von meinem Autor zu *fodern*. Er reiste nicht – wie die *Pococke* und *Niebuhrs* – um den Gelehrten Bereicherungen ihrer Kenntnisse mitzubringen; er hatte ein Amt, das ohne Zweifel viel Zeit und Arbeit foderte. Seine Beobachtungen über Natur, Menschen und Handlungen waren also nur ein Geschäft seiner

Nebenstunden; schrieb sie auch nur für seine Familie und Freunde auf, und ließ sich, wie er in seiner Vorrede sagt, durch gelehrte Freunde bewegen, sie drucken zu lassen" (Ives, S. 5).

Ein Beispiel aus den achtziger Jahren zeigt, daß die Orientierung auf ein breiteres, nicht primär am Nützlich-Gelehrten, sondern am Vergnüglichen der Reiselektüren interessiertes Publikum sogar der Verteilung und Gewichtung des Stoffes entsprechen kann. So heißt es in der Vorrede des fiktiven (!) Herausgebers, an den als Freund die *Briefe über Irland* von K. G. Küttner (1785) gerichtet sind:

„Der Inhalt, den ich den Briefen beigefügt habe, giebt eine Übersicht des Ganzen, dessen größere Hälfte der Leser gewiß angenehm und unterhaltend finden wird. Was die kleinere und letztere Hälfte dieser Nachrichten betrifft, so vermuthe ich, daß sie zwar nicht allen die nämliche Unterhaltung gewähren, aber doch dem Forscher und Kenner der alten Sprachen, Geschichte und Alterthümer angenehm seyn möge: und diesen wollte ich das, was ich durch meinen Freund geben konnte, nicht vorenthalten. Beyde Klassen von Lesern müssen daher gegen einander abrechnen, und derjenige Theil der Nachrichten, der mehr die Neugierde reizt, mag den andern, der sich mit ernsthaften und gelehrten Untersuchungen beschäftigt, übertragen helfen" (Küttner, S. VIII).

Deutlich wird hier die Parallelisierung des quantitativ schwerer gewichteten unterhaltenden Stoffes mit der breiten, nur vom Unterhaltungsinteresse bestimmten Masse der Leser – während die ernsthaften und gelehrten Nachrichten an die Spezialisten adressiert sind. Die Fiktionalisierung der Herausgeberfigur, die Stilisierung der Herausgabe zum privaten Freundschaftsdienst, entsprechend die Wahl der Briefform sowie die geradezu exemplarisch autoptische Erzählweise verraten darüber hinaus, mit welchen Verfahren die breite Leserschaft anzusprechen ist.

Ebenso kann das *Interessante* das delectare ersetzen. So steht die *Sammlung der besten und neuesten Reisebeschreibungen* (1765–1774) unter den Leitwerten „interessant" und „gemeinnützig". An dieser Sammlung ist zudem bemerkenswert, daß sie ihre Selektionen popularistisch vornimmt, nämlich nicht etwa im Sinne der an wissenschaftlich-enzyklopädischer Genauigkeit und Vollständigkeit unübertroffenen *Allgemeinen Historie der Reisen zu*

Wasser und zu Lande (1747–1774)⁵, sondern daß sie bereit ist, gerade „nützliche", wissenschaftlich relevante Daten herauszukürzen, bzw. nur ‚Das Beste' zu wählen, um dem Leser keine „lange Weile" zu verursachen. Das gilt auch für die Systematik:

> „Daß die Länder nicht in einer gewissen Ordnung auf einander folgen, ist aus der Ursach vermieden worden, um den Leser nicht mit zu vielem Einerley zu ermüden, denn durch die Abwechslung, nebst dem Unterricht, Vergnügen zu bewürken ist unser vornehmster Gegenstand..."⁶

Ein entsprechender Beleg findet sich in einer anderen Sammlung, nämlich dem 6. Band (1780) *des Historischen Berichts von den saemtlichen durch Englaender geschehenen Reisen*, dessen Vorbericht einen Auszug aus der *Voyage around the World* von Georg Forster so charakterisiert:

> „Dieser Theil der Cookschen Reise ist so reich an mancherley Auftritten und Entdeckungen, und Herrn Forsters Art zu erzählen, ist so unterhaltend, daß man auch diesen Auszug nicht anders als mit Vergnügen wird lesen können" (Anon. 1775ff., o. S.).

Die Beispiele zeigen, daß spätestens in den 80er Jahren die Isolation der Unterhaltungsfunktion ihren Höhepunkt erreicht. So finden sich in einer weiteren Sammlung schließlich Prinzipien, die den Leser ausschließlich auf das Vergnügliche und Unterhaltsame in Abgrenzung von nützlichen Werten orientieren, die Reiseberichte in nunmehr „artigem" Stil mit Beiträgen anderer literarischer Gattungen – Gedichten, Fabeln, Anekdoten – mischen. „Reise-Lektüre" wird doppelt konnotiert, nämlich als Lektüre *von* und *auf* Reisen und damit die Ästhetisierung bzw. Fiktionalisierung des Reisens selber betrieben. Der Herausgeber der *Kleinen Reisen: Lektüre für Reise-Dilettanten* (1785ff.), Heinrich A. Reichard, der freilich weite Teile der Sammlung unbescheiden mit eigenen Texten anreichert (den dritten der insgesamt acht Bände vollständig), hat sich mit seinem Vorgehen an einem (auch unter Gesichtspunkten der Vermarktung) erfolgreichen Vorbild orientiert:

> „Herr *Couret de Villeneuve* zu Orleans, ein Mann der Witz, Geschmack

---

5   Zum Stellenwert dieser an Prévosts Enzyklopädie orientierten Sammlung vgl. Boerner.

6   Aus dem Vorbericht des 9. Bandes (1774). Sicherlich wäre es einmal lohnend, was hier nicht Gegenstand der Untersuchung sein kann, die Verfahren und Prinzipien der Selektion in Sammlungen genauer zu untersuchen.

und Kenntnisse in nicht geringem Maße vereinigt, gab im vorigen Jahre ein *Recueil amusant de voyages en verse & en prose* heraus, eine Sammlung, die aus einzeln, zwar schon gedruckten, aber in verschiedenen Zeitschriften zerstreuten, und noch nie in Ein Ganzes zusammengedrängten, kleinen Reisebeschreibungen besteht, und mit artigen, dahin einschlagenden, Gedichten der besten Dichter, untermischt ist.

H. A. Reichard, *Kleine Reisen* (1785ff.). Frontispiz.

Seine Absicht war, ein Vademecum für solche Reisenden zu liefern, die an Geistesprodukten, artigen Wendungen, Erzählungen und Sittengemälden mehr Belieben, als an trockenen Nomenclaturen von Städten, Schlössern, Cabinettern, Bergen, Flüssen u.s.w. finden; dies Unternehmen, das mit mehr Schwürigkeiten verbunden ist, und mehr Betriebsamkeit erfodert, als mancher vielleicht denken möchte, glückte dem Herrn *Villeneuve* so gut, daß seine Sammlung bereits verschiedene Auflagen erlebt hat, und daß fast jeder Französischer Reisender ein Exemplar davon bey sich führt, um sich in seinem Wagen die Zeit

damit zu verkürzen, oder sich das Vergnügen zu verschaffen, mit diesem Buche in der Hand einige der darinn so schön beschriebenen Gegenden zu durchwandern.
Der Herausgeber gegenwärtiger *kleinen Reisen,* hat sich den Plan des Herrn *Couret de Villeneuve* zum Muster gewählt. Er glaubte, daß vielleicht eine ähnliche Sammlung auch in Deutschland willkommen seyn würde, wo Reise-Lectüre seit einiger Zeit zur Lieblings-Leserey geworden ist..." (Reichard, Bd. 1, S. 3–5).

Wir wollen den Gang durch das Jahrhundert mit einer Passage aus einer Rezension des *Neuen Teutschen Merkur* (Nov. 1799) beschließen, die feststellt, daß Reiseberichte primär zur Unterhaltung gelesen werden. Die Orientierung auf den Nutzenaspekt bleibt aber weiterhin bestehen, so daß seine Isolierung in naturwissenschaftlichen, ethnologischen oder historiographischen Zusammenhängen dem beschriebenen Trend entspricht. Die angekündigte Rezension führt in kaum zu überbietender Weise noch einmal vor, wie sehr Reisebeschreibungen am Ende des Jahrhunderts zum Gegenstand der literarischen Freizeitgestaltung (vgl. Abschnitt IV) geworden sind. Die Vermittlung exotischer gleichwie persönlich beglaubigter Realität ins heimelige Ambiente wird zu einer Vorform des Reality-TV stilisiert:

„Wer möchte nicht gern in den nun hart hereinbrechenden Winternächten, wenns draußen tobt und stürmt, oder, um mit dem Dichter der Liebe zu reden, die dann am heimlichsten ihr Spiel hat –
In die Wette mit einander wehen
alle Winde: Schneegestöber füllt
alles bis zum Himmel, und da stehen
Thürm und Meilenzeiger eingehüllt:
wer möchte da nicht gern am knisternden Kamin im gemüthlichen Kreise der Seinen ein frohes Wintermährchen erzählen oder vorlesen hören? Ob unter den in der letzten Michaelismesse zu Tage geförderten 85 Romanen und Halbromanen, Mestizen und Quarterons viele solche Wintermärchen zu finden seyn dürften, die uns durch den Zauber ihrer Dichtungen in jene Klimate versetzen, wo ewiger Frühling grünt, den Winterfrost noch vor der Zeit weit über den Gefrierpunkt hintantreiben könnten, will ich gern dahingestellt seyn lassen. Aber eine Unterhaltung bietet sich hier uns dar, die besser als alles was je

Galland aus arabischen Handschriften übersetzte und die schöne Scheherezade erzählen konnte, uns in glückliche Himmelsstriche versetzen und für alle Beschwerden und Entbehrungen des unsrigen hinlänglich entschädigen kann; das ist die Lektüre solcher Reisebeschreibungen, in welchen uns der Reisende zu seinen theilnehmenden Gefährten zu machen und durch neue Entdeckungen an sich zu fesseln versteht" (Stewart, S. 214).

Als Resümee sei nun die These formuliert, daß gerade der Umgang mit Reisebeschreibungen im 18. Jahrhundert, die anders als hoch fiktionalisierte Werke für ihre Einordnung als nicht-literarische Texte offen bleiben, den entscheidenden Wandel literaturspezifischer Einstellungen beobachten läßt. Die allmähliche Festlegung der Reisebeschreibung auf die Unterhaltungsfunktion zeigt eine spezifisch ästhetische Bewertung dieser Gattung *innerhalb* der Literatur, während sie außerhalb im traditionellen oder auch modernen Sinne anders gehandhabt wird. Mit der Ausbildung des literarischen, an exklusiven Werten wie dem Interessanten oder Schönen orientierten Handlungsbereichs kann das Gattungskonzept ‚Reisebeschreibung' literaturfähig entwickelt und angewandt werden. Der an die Gattungsbezeichnung gebundene Spielraum kommunikativer Aktivität ist damit abgesteckt.

III.

Im folgenden wird es darum gehen, den Wandel der Einstellung gegenüber der Reisebeschreibung aus dem diskursiven und sozialen Kontext zu erklären. Nach inzwischen allgemein geteilter Auffassung entwickelt sich die Literatur im 18. Jahrhundert zu einem eigenständigen, von anderen Sozialsystemen wie Wissenschaft, Religion, Politik etc. in Struktur und Organisation unterschiedenen Bereich. Im Zuge dessen bilden sich spezifische literarische Formen der Produktion, Distribution, Rezeption und Verarbeitung (vor allem Kritik), die mehr oder weniger professionell institutionalisiert werden. Geregelt wird diese Spezifik über ein kulturelles Programm,[7] das als kollektives Wissen über die allgemeinen wie auch besonderen Handlungs- bzw. Kom-

---

7 ‚Programm' verwende ich im Sinne des Kulturprogramm-Begriffes von S. J. Schmidt (1994, S. 202ff.).

munikationsmöglichkeiten im Bereich Literatur von allen Beteiligten erlernt und angewandt wird.

Grundwerte, die dieses Programm vermittelt, sind ablesbar an zeitgenössischen Diskursen zu Wesen und Funktion von Literatur. Innerhalb der von der soziologischen Systemtheorie vor allem Bielefelder Prägung inspirierten Literaturtheorie hat sich eine Diskussion darüber entwickelt, welche Leitdifferenz nun im literarischen Programm seit dem 18. Jahrhundert zu gelten hat, welcher binäre Code nun alles steuert, was im Zusammenhang mit Literatur passiert: z. B. „schön/häßlich" (Luhmann), „interessant/langweilig" (Plumpe/Werber), „mit/ohne Geschmack" (Jäger) und andere mehr. Das Problem dabei ist die ‚von oben' verordnete Theorievorgabe, daß moderne Kunst nur nach einem einzigen Code funktioniere. Dagegen spricht empirisch allein schon die Debatte selbst mit ihren verschiedenen aus der ästhetischen Diskussion des 18. Jahrhunderts gewonnenen Optionen. Doch erscheint die Interpretation der Differenzen interessant/langweilig und schön/häßlich, wie sie etwa Gerhard Plumpe für die *Ästhetische Kommunikation der Moderne* beschrieben hat, durchaus sinnvoll, um den Wandel der Orientierungswerte, die den Adressaten von Reiseberichten vermittelt werden, mit Verschiebungen in der gesellschaftlichen Semantik zu erklären.

Im letzten Drittel des 18. Jahrhunderts wird deutlich, daß das Schöne und das Interessante aus ihrer Verpflichtung auf das Gute und Wahre eines allgemein verbindlichen Ordo herausgelöst werden. Diese Ordnung spricht noch aus der Auffassung, die in der ersten Jahrhundertshälfte hauptsächlich vertreten wird, etwa in der Ästhetik von Charles Batteux (1740): Während die Wissenschaften dem Erkennen des Wahren verpflichtet sind, beziehen sich die Künste je nach Typ in spezifischem Verhältnis auf die schönen Teile der Natur. Die mechanischen Künste (Handwerke) zum einen gebrauchen sie und stehen dabei ausschließlich unter dem Nutzenaspekt. Vergnügen dagegen bereitet zum anderen die Nachahmung der Natur in den schönen Künsten (Musik, Poesie, Malerei, Plastik, Pantomime, Tanzkunst). Mit einer Kombination aus mechanischen und schönen Künsten (z. B. Architektur oder Rhetorik) wird die Natur „verschönert" gebraucht (zit. n. Hausmann, S. 207) und sowohl Nutzen als auch Vergnügen bewirkt. Ihrem Gebrauch und ihrer Nachahmung war die schöne Natur nach Batteux als göttliche Ordnung vorgegeben: „Die Künste schaffen ihre Regeln nicht selbst, sie sind kein Werk ihres Gutdünkens, sie liegen unveränderlich in dem Vorbilde der Natur" (ebd., S. 210). Entsprechend kommt ihnen vor allem theoretische und praktische Bedeutung zu, ihre Ergebnisse werden positiv als richtig, nützlich, gut bewertet: „Die Künste haben das Gute und das Schöne zum Gegenstande; zwei Wörter, die fast einerlei Bedeutung haben" (ebd., S. 211). Ihre Regeln sind lehr- und lernbar.

Die Einordnung unserer Beobachtungen zum Umgang mit Reisebeschreibungen in dieses Schema fällt nicht schwer, wo wir eine ungebrochene Einheit von Nutzen und Vergnügen festgestellt haben. Der Primat des Nutzens gilt dabei, wie sich gezeigt hat, dem ‚Studium der wahren Klugheit' und dem demütigen Bewundern der natürlichen, d. h. göttlichen Ordnung (vgl. oben das Beispiel von Barschewitz). Das Lehrbare der Poetik entspricht der erbaulichen Belehrung. Die Gattungsbezeichnung ‚Reisebeschreibung' kann unter diesen Vorzeichen dem Bereich von Rhetorik und Historiographie zugeschrieben werden, die die Natur verschönert gebrauchen. In diesem Sinne wäre Neuber (s. o.) also zu folgen, auch unter dem Gesichtspunkt, daß dieses Modell natürlich nicht mit der Entwicklung eines modernen Literaturbegriffs gleich von der Bildfläche verschwindet. Allerdings wäre schon innerhalb des Batteuxschen Modells gegen Neuber zu argumentieren, daß die Gebrauchsanweisungen von Reisebeschreibungen verschoben und ausgeweitet werden, nämlich auf den Bereich der schönen Künste, also zur Poesie mit ihrer spezifischen Funktion des Vergnügens.

Wandel und Verschiebung der Adressierung aber werden plausibler vor dem Hintergrund der entscheidenden Entwicklung im ästhetischen Diskurs, wie sie die Entstehung des modernen Literatursystem mit sich bringt: Die (schöne) Kunst wird aus dem System der Künste herausgelöst und als Kollektivsingular verselbständigt, bzw. gilt als Einheit ihrer Subbereiche Literatur, Musik, Bildende Kunst und Theater. Ganz anders als bei Batteux – es geht daher um mehr als nur eine Selektion aus seinem Modell – entspringt die Schönheit der ‚poietischen' Kraft der Kunst, die die Natur ästhetisiert und nicht nachbildet. Entsprechend wird die Einheit der horazischen Formel gesprengt. So soll nach Karl Philipp Moritz[8] ‚schön' fortan nur das genannt werden, „was uns Vergnügen macht, ohne eigentlich zu nützen [...]. Das

---

8   *Versuch einer Vereinigung aller schönen Künste und Wissenschaften unter dem Begriff des in sich selbst Vollendeten* (1785).

heißt mit anderen Worten: ich muß an einem schönen Gegenstande nur um seiner selbst willen Vergnügen finden" (Moritz, S. 6). Das Reisen etwa wird ästhetisiert, indem es „um seiner selbst willen" geschieht (vgl. oben das Beispiel von Reichard). Desgleichen liest man (Reisebeschreibungen), um zu lesen (vgl. Abschnitt IV).

Eine solche Ästhetik steht unter einer sozial wie individuell notwendig gewordenen „Optimierung von Selbstprozessen" (vgl. Schmidt 1989, S. 26), der sich auch die Parallelkonstruktion von individueller und künstlerischer Autonomie verdankt. In diesen Zusammenhang gehört die Entdeckung der psychologischen Kategorie des Interessanten für die moderne Ästhetik. „Interessant ist nämlich jedes originelle Individuum, welches ein größeres Quantum von intellektuellem Gehalt oder ästhetischer Energie erhält", wie es bei Friedrich Schlegel heißt (Schlegel, S. 252f.).[9]

Ganz offensichtlich kann die Reisebeschreibung dieses ‚Interesse am Interessanten' bedienen, denn die Verschiebung des *delectare* lockt mit Individualität: In der Adressierung der Reisebeschreibung geschieht dies u. a. eigentümlicherweise mit der Versicherung des Wahren und Faktischen, mit der autoptischen Beschreibung, für die die Ausführungen von Dohm ein markantes Beispiel gaben. Autoptisch ist auch die Mikrologie individuellen Wahrnehmens und Empfindens, die selbst private und intime Details nicht scheut. Dazu noch einmal ein Zitat aus dem von Dohm herausgegebenen Band von *Ives' Reisen nach Indien und Persien,* nun vom Verfasser selbst:

> „So unangenehm und ungleich nun auch immer der Styl dieses Buches seyn mag; so wird doch wenigstens der Vortheil damit verbunden seyn, daß alle Vorfälle und Erscheinungen dem Leser natürlicher nämlich gerade so werden vorgestellt werden, wie sie die Seele des Verfassers rührten. Hätte ich an diesen meinen Originalempfindungen abgekürzt oder erweitert; so würde ich gefürchtet haben, dadurch die Aechtheit des Ganzen verdächtig zu machen.
> Sollte man mir den Vorwurf machen, daß ich in dem, was mich selbst und meine Angelegenheiten betrifft, gar zu sehr ins kleine gegangen sey; so kann ich nur dieses antworten, daß ein Mensch, der die Geschichte seiner Reise beschreibt, gewissermaßen gezwungen ist,

---

[9] *Über das Studium der griechischen Poesie* (1795).

sich selbst zum *Held seiner Geschichte* zu machen. Wie unbedeutend aber auch immer manche Umstände, die mich selbst angehn, itzt scheinen mögen; so habe ich sie doch, als sie gegenwärtig waren, ungemein empfindlich gefühlt..." (Ives, S. XIV).

Sehr schön können wir hier die Stichworte zur Empfindsamen Reise(beschreibung) des Engländers herauslesen. Dohm hatte im ersten Band (1774, also zu einer Zeit, da der Kult des Empfindsamen seinen Höhepunkt bereits erreicht hatte) diese Details noch als für das deutsche Publikum ungeeignet herausgekürzt. Im zweiten, ein Jahr später erscheinenden Band liefert er dann aber bereits eine explizite Rechtfertigung der Mikrologie des Verfassers. Die Ästhetisierung des Sentimentalen wird bekanntlich gattungstheoretisch insbesondere an Reise- und Briefroman gebunden, wovon der Reisebericht auch produktionsästhetisch in Annäherungen profitiert, etwa durch die (fiktionalisierte) Briefform (vgl. oben das Beispiel von Küttner). Im ästhetischen Diskurs wird der Begriff aber zum Signum des Individuellen schlechthin entwickelt. Eben daran hängt sich das moderne Interesse, wie Schlegel es, freilich pejorativ, intendiert und das nicht nur einer Elite, sondern auch dem breiteren Publikumsgeschmack entgegenkommt:

„Das Publikum, welches sich mit der gröbern Kost begnügt, ist naiv genug, jede Poesie, welche höhere Ansprüche macht, als für Gelehrte allein bestimmt, nur außerordentlichen Individuen oder doch nur seltnen festlichen Augenblicken angemessen, von der Hand zu weisen. Ferner das *totale Übergewicht des Charakteristischen, Individuellen und Interessanten* in der ganzen Masse der modernen Poesie, vorzüglich aber in spätern Zeitaltern" (Schlegel, S. 228).

IV.

Gegen Ende des Jahrhunderts erfreut sich die Reisebeschreibung einer großen Popularität. Die Produktion floriert, in den letzten beiden Jahrzehnten verdoppelt sich der Anteil an der gesamten Buchproduktion auf 4,51%.[10]

---

[10] Stewart, S. 190. Wie bedeutend der Anteil ist, wird deutlich wenn man bedenkt, daß 1800 die Roman- und Erzählliteratur bei 11,7% der gesamten Buchproduktion liegt (vgl. Jentzsch).

Diese Entwicklung ist an die explosionsartige Entfaltung des kapitalistischen Buchmarktes gebunden, dem die Ausbildung professioneller Handlungsrollen, Schriftsteller, Verleger, Kritiker ebenso korrespondiert wie die Erweiterung des Lesepublikums und dessen Wandel im Leseverhalten.

In der Forschung wurde häufiger darauf hingewiesen, daß besonders Kaufleute zu den Besitzern und ggf. auch Lesern von Reiseliteratur gehörten, und begründet wurde dies mit spezifisch beruflichen Anliegen. Naheliegender ist allerdings, daß Kaufleuten wie überhaupt dem Großbürgertum zwei kostbare Güter zur Verfügung standen, die sowohl den Besitz als auch das Lesen von Büchern begünstigten: Geld und neuerdings damit identisch: Zeit. Und das heißt hier vor allem *Freizeit,* die dem finanziellen Gewinn entspricht, und die man sich unterhaltend – also gerade nicht berufsspezifisch – vertreibt, in der man sich nicht lang-weilen will. In diesem Sinne sind die zahlreichen Formulierungen zu verstehen, mit denen das breitere Publikum – weniger die Elite mit Fachinteressen – angesprochen wird. Denn auch die Rezeption literarisch eingeschätzter Werke verändert sich ‚epochal', funktionsspezifisch, und das heißt in wechselseitiger Abhängigkeit von der Entwicklung der anderen Handlungsformen zu literarischer Eigenständigkeit, vom ästhetischen Programm (vgl. Abschnitt III) und von der Entwicklung in anderen sozialen Bereichen, wobei insbesondere der wirtschaftliche von großer Wichtigkeit ist.

So bildet sich im Laufe des 18. Jahrhunderts eine Lesekultur aus, in der Gewohnheiten, die uns heute (noch) selbstverständlich sind, ihre Form erhalten haben. Erich Schön hat diesen Prozeß in einer detaillierten Studie beschrieben. Beobachtet wird der mentalitätsgeschichtliche Wandel an Aspekten wie der Körperlichkeit des Lesens, dem Ende des lauten Lesens, Formen des gemeinsamen und einsamen Rezipierens und der Zeit des Lesens. Dabei ergibt die Entwicklung zu einem entkörperlichten, inneren, subjektiv erlebenden Lesen eine Handlungsform, mit der das genannte Interesse am Individuellen adäquat umgesetzt werden kann.

Die Trennung von Arbeit und Freizeit also ist eine ‚Erfindung' des bürgerlichen 18. Jahrhunderts. Erst allmählich vollzieht sich der Wandel zu einer Konzentration der Freizeit auf die Abendstunden. Zuvor waren auch am frühen Morgen wie auch während der Tageszeit arbeitsfreie Phasen üblich. Aus der Lesesucht-Debatte ist abzulesen, wie dort die strikte Trennung von

Arbeits- und Freizeit gefordert und das Lesen während der Arbeit als – vor allem den niederen Ständen zugeschriebene – Untugend gegeißelt wird. Kritisiert wird dabei vor allem das Moment der Zeitverschwendung bei den *nützlichen* Tätigkeiten. Die Kritik dokumentiert aber auch, daß man nun anders als nur aufklärerisch-nützlich liest, eben um sich zu vergnügen. Dabei liest man *anderes* wie Erzählungen und Romane, und dieses liest man *anders:* Der Entsinnlichung korrespondiert das Empfindende, dem Vergnügen die Flüchtigkeit, die nicht nach Wiederholung, sondern nach Neuem giert.

Tatsächlich war diese Form der Freizeitbeschäftigung neben dem Adel besonders den gehobenen bürgerlichen Schichten möglich, etwa den erwähnten Kaufleuten, die die kürzeste Arbeitszeit hatten und am meisten über ihre Zeit verfugen konnten. Vor und nach der Arbeit wie auch zwischendurch in Pausen hatten sie Gelegenheit, zu lesen oder sich die Zeit mit Spiel, Spaziergang, Plauderei oder auch einem Theaterbesuch oder noch unnützeren Dingen zu vertreiben. Mit der Verdichtung der Arbeit auf die Tageszeit, bildet sich dann allmählich eine davon abgetrennte, auf den Abend und – bei Verlängerung der Wachzeit – auf die Nacht ausgedehnte Freizeit heraus, in der sich das Lesen als vergnügte Erholung von der nützlichen Arbeit abspielt, wogegen selbst die Kritiker der Lesesucht keine Einwände haben können:[11]

„Wer wird es tadeln, wenn der Mann, der mehrere Stunden des Tages den wichtigsten Dingen aus irgend einem Theile der Wissenschaften nachgedacht hat, nun ein Buch zur Hand nimmt, aus dem er freylich keine wichtigen Wahrheiten lernen kann, das ihm aber doch Vergnügen und Unterhaltung zu gewähren, ihn, wenn man so sagen darf, mit seinen Hauptwissenschaften wieder auszusöhnen, oder allenfalls auch nur seine Neugierde zu befriedigen im Stande ist? Wer wird es tadeln, daß ein Mann von seiner Arbeit ermüdet, und nachdem er des Tages Last und Hitze getragen, statt daß Andre seines Gleichen öffentliche Häuser besuchen, und die übrigen Stunden des Tages am Spieltisch oder bey der Flasche tödten, ein Buch zur Hand nimmt, das,

---

[11] *Warum lieset man Bücher? und was hat man dabey zu beobachten?* In: Bremische Beyträge zur lehrreichen und angenehmen Unterhaltung für denkende Bürger. Bremen, 1/1795, S.12, zitiert nach Schön, S. 244.

wenn es ihn auch nichts weiter lehrt, als was ihm sein gesunder Verstand auch hätte sagen können, ihn dennoch die Beschwerden der Arbeit vergessen macht, und ihn vor Langeweile schützt."

Erinnern wir uns an das Zitat aus dem Neuen Teutschen Merkur, das uns besonders deutlich gezeigt hat, wie sehr auch Reisebeschreibungen für diese Funktion geschätzt wurden, aber eben sicherlich nicht nur für diese Funktion. Wenn die eingangs gestellte Frage nach der Literarizität von Reisebeschreibungen in diesem eingeschränkten Sinne positiv beantwortet wird, so ist dies also mit dem Versuch geschehen, mehrere signifikante Aspekte aus einem mehrdimensionalen Komplex auszuwählen. Die Beobachtungen zum ästhetischen Diskurs der Moderne führten uns eine Trennung der Kunst von den anderen Artes vor, die im obigen Zitat mit den „Wissenschaften" angesprochen sind, wobei *die* Kunst u. a. – beileibe nicht nur – das Unterhaltungsinteresse am Interessanten bedienen kann. Reisebeschreibungen können diesem Interesse genügen, vorausgesetzt, es werden die entsprechenden Offerten, die bereits in Vorreden und Einleitungen gemacht werden, genutzt und die Texte in literarischer Einstellung rezipiert. Daß dies gelingt, dafür sorgt ein im Zuge der Ausdifferenzierung von Literatur verändertes Gattungskonzept, sorgen die für das literarische Lesen geeigneten Orte, an denen sich die Liebhaber von Reisebeschreibungen die Zeit vertreiben: im Wagen auf Reisen, „... am knisternden Kamin, im gemüthlichen Kreise der Seynen" oder besser noch dort, wo man ganz für sich bleibt, den Körper ruhiggestellt hat, dafür mit wachem Geist in die Fernen schweift: im Bett.[12]

---

[12] Vgl. Schön, S. 233ff. und auch die Abb. ebd., S. 15.

Literaturhinweise

a) Quellen

Angegeben werden sämtliche Titel der Untersuchung.

Anderson, Johann 1747: *Nachrichten von Island, Groenland und der Strasse Davis: zum wahren Nutzen der Wissenschaften und der Handlung*. Frankfurt, Leipzig.

Anon. 1765–74: *Sammlung der besten und neuesten Reisebeschreibungen in einem ausführlichen Auszuge, worinnen eine genaue Nachricht von der Religion, Regierungsverfassung, Handlung, Sitten, natürlichen Geschichte und andern merkwürdigen Dingen verschiedener Ländern und Völker gegeben wird*. 12 Bände. Berlin.

Anon. 1775ff.: *Historischer Bericht von den saemtlichen durch Englaender geschehenen Reise um die Welt und den neuesten dabey gemachten Entdeckungen in einem getreuen Auszuge aus der Seefahrer Tagebücher*. Band 1 (1775), Band 5 (1778), Band 6 (1780). Leipzig.

Anon. 1790: *Allgemeine Geschichte der neuesten Reisen und Entdeckungen zu Wasser und zu Lande: welche das Merkwürdigste und Zuverläßigste von den Ländern, wohin die Reisenden gekommen [...] enthalten*. Leipzig, Nürnberg.

Barschewitz, Ernst C. 1730: *Allerneueste und wahrhaffte ostindianische Reise-Beschreybung*. Chemnitz.

Behrens, Carl Friedrich 1738: *Der wohlversuchte Sued-Laender: das ist ausführliche Reise-Beschreibung um die Welt*. Leipzig.

Bernhard, Johann E. 1787: *Das Merkwürdiste aus den besten Beschreibungen vom Vorgebeurg der Guten Hoffnung und dem Innern von Afrika*. Frankfurt, Leipzig.

Brand, Adam 1734: *Adam Brands neuvermehrte Beschreibung seiner großen chinesischen Reise*. Lübeck.

Carli, P. Dionysius von Placenz 1693: *Der nach Venedig überbrachte Mohr: oder curiose und wahrhaffte Erzehlung und Beschreibung aller Curiositäten und Denkwürdigkeiten, welche durch wohl-erwürdigen P. Dionysio von Placens in seiner etlich-jährigen Mission in allen vier Welt-Theilen, Africa, America, Asia, und Europa [...] aufgestossen; wobey zugleich [...] die dem Authorii in den vier Welt-Theilen vorgekommene Länder, [...] verwunderungswürdig beschrieben und der curiosen Welt mitgeteilet / erstlich von dem Authore in welscher Sprach beschrieben, anjetzo aber dem geist- und weltlichen teutschen Leser zu einem nützlichen Zeit-Vertreib in die hochdeutsche Sprache übersetzt*. Augsburg.

Clayton, Robert 1754: *Tage-Reisen von Groß-Cairo nach dem Berge Sinai und wieder zurück / aus einer Handschrift des Präfekten der Franciskaner in Egipten übersetzt. Mit Anmerkungen über den Ursprung der Hieroglifen und Mythologie der alten Heiden, der Gesellschaft der Alterthümer in London zugeeignet, von Robert [Clayton]. Aus der verb. englischen Ausgabe von J. P. Cassel*. Hannover.

Downing, Clement 1738: *Die neuesten Unruhen auf der Ost-Indischen Kueste: oder Geschichte von dem daselbst aufgekommenen sehr berüchtigten See-Rauber Korrengei Angria und der gegen ihn auch andern Capern ausgelaufenen englischen Escadre nebst dem Lebens-Lauf des bösen Jan Plantain, See-Raubers auf der Insul Madagascar, wie auch eine Nachricht von den zwischen dem grossen Mogol und dem Angria bereits geführten Kriegen / im Englischen beschrieben von Clement Downing. Anjetzo aus dem Holländischen ins Teutsche übersetzt und mit einer accuraten Charte dieser Insuln versehen*. Nürnberg.

Engel, Samuel 1772: *Herrn Samuel Engels geographische und kritische Nachrichten und Anmerkungen über die Lage der nördlichen Gegenden von Asien und Amerika: nach den allerneuesten Beschreibungen.* Mietau.

Follie, Louis G. 1795: *Herrn Follie's Reise in der Wüste Sahara: worin Nachrichten von seines Schiffbruchs und seiner Sklaverei enthalten sind.* Übers. von: J. R. Forster. Berlin.

Forster Georg 1796: *Reise aus Bengalen nach England.* Zürich.

Gericke, Christian W. 1773: *Herrn Missionarii Gerickens merkwuerdige SeeReise von London nach Ceylon und Cudelun in den Jahren 1766 und 1767.* Halle.

Ives, Edward 1774/75: *Reisen nach Indien und Persien. In einer freyen Uebersetzung aus dem englischen Original geliefert, mit historisch-geographischen Anmerkungen und Zusätzen vermehrt von Christian Willhelm Dohm.* Band 1 (1774), Band 2 (1775). Leipzig.

Kämpfer, Engelbert 1777/79: *Engelbert Kaempfers Geschichte und Beschreibung von Japan.* Band 1 (1777), Band 2 (1779). Lemgo.

Küttner, K. G. 1785: *Briefe über Irland an seinen Freund den Herausgeber.* Leipzig.

Langstedt, Friedrich L. 1789: *Reisen nach Suedamerika und Afrika: nebst geographischen, historischen und das Kommerzium betreffenden Anmerkungen.* Hildesheim.

Mirike, Heinrich 1789: *Reise von Konstantinopel nach Jerusalem und dem Lande Kanaan.* Itzstein.

Moritz, Karl Philipp 1962: *Schriften zur Ästhetik und Poetik.* Kritische Ausgabe. Hg. v. H. J. Schrimpf. Tübingen.

Myller, Angelicus M. 1729–32: *Peregrinus in Jerusalem: Fremdling zu Jerusalem, oder ausführliche Reiß-Beschreibungen.* Prag.

Niebuhr, Carsten 1774/78: *Carsten Niebuhrs Reisebeschreibung nach Arabien und andern umliegenden Ländern.* Kopenhagen.

Reichard, Heinrich A. (Hg.) 1785ff.: *Kleine Reisen: Lektüre für Reise-Dilettanten.* Band 1 (1785), Band 2 (1786), Band 6 (1791). Berlin.

Roemer, Ludwig F. 1769: *Ludewig Ferdinand Roemers Nachrichten von der Kueste Guinea.* Leipzig.

Schiller, Friedrich 1962: *Werke.* Nationalausgabe, Bd. 20.1. Hg. von B. v. Wiese. Weimar.

Schlegel, Friedrich 1979: *Kritische Friedrich-Schlegel-Ausgabe.* Band 1. Paderborn, München, Wien.

Schoepf, Johann D. 1788: *Reise durch einige der mittleren und suedlichen vereinigten nordamerikanischen Staaten.* Erlangen.

Scheibler, Carl Friedrich 1782: *Reisen, Entdeckungen und Unternehmungen des Schiffs-Capitain Johann Schmidt oder John Smith.* Berlin.

Schlözer, August L. v. 1775: *Summarische Geschichte von Nord-Afrika.* Göttingen.

Schulze, Johann L. 1776: *Neue Nachrichten von denen neuentdeckten Insuln in der See zwischen Asien und Amerika.* Hamburg, Leipzig.

Steinhart, Germanus ²1785: *Historische Reisebeschreibung in und aus dem heiligen Land: nach der wahren Beschaffenheit und angetroffenen Seltenheit beschrieben.* Rastatt.

Stöcklein, Josepho (Hg.) 1736ff.: *Neuer Welt Bott: oder allerhand so lehr- als geistreiche Brief, Schriften und Reis-Beschreibungen.* Augsburg, Graz.

Thunberg, Karl P. 1792: *Karl Peter Thunbergs Reise durch einen Theil von Europa, Afrika und Asien hauptsächlich in Japan, in den Jahren 1770 bis 1779 / aus dem Schwedischen frey übersetzt von Christian Heinrich Croskurd.* Berlin.

Troilo, Franz F. v. 1733: *Orientalische Reise-Beschreibung.* Dresden.

Turner, Samuel 1801: *Samuel Turners Gesandtschaftsreise an den Hof des Teshoo Lama durch Bootan und einen Teil von Tibet.* Hamburg.

Zöllner, J. F. 1792: *Briefe über Schlesien, Krakau, Wieliczka und die Grafschaft Glatz auf einer Reise im Jahr 1791.* Berlin.

b) Kritische Literatur

Barsch, Achim 1993: „Kommunikation mit und über Literatur: Zu Strukturierungsfragen des Literatursystems." In: *SPIEL* 12 (1993), H. 1, S. 34–61.

Brenner, Peter J. 1990: *Der Reisebericht in der deutschen Literatur: ein Forschungsüberblick als Vorstudie zu einer Gattungsgschichte.* Sonderheft 2 des Internationalen Archivs für Sozialgeschichte der deutschen Literatur. Tübingen.

Boerner, Peter 1982: „Die großen Reisesammlungen des 18. Jahrhunderts." In: Teuteberg, H. J. / Maczak, A. (Hgg.): *Reiseberichte als Quellen europäischer Kulturgeschichte. Aufgaben und Möglichkeiten der historischen Reiseforschung.* Wolfenbüttel, S. 65–72.

Hausmann, Frank-Rutger (Hg.) 1975: *Französische Poetiken. Band 1: Texte zur Dichtungstheorie vom 16. bis zum Beginn des 19. Jahrhunderts.* Stuttgart.

Hempfer, Klaus W. 1973: *Gattungstheorie.* München.

Jäger, Georg 1991: „Die Avantgarde als Ausdifferenzierung des Literatursystems. Eine systemtheoretische Gegenüberstellung des bürgerlichen und avantgardistischen Literatursystems mit einer Wandlungshypothese." In: Titzmann, M. (Hg.): *Modelle des literarischen Strukturwandels.* Tübingen, S. 221–244.

Jentzsch, Rudolf 1912: *Der deutsch-lateinische Büchermarkt nach den Leipziger Ostermeß-Katalogen von 1740, 1770 und 1800 in seiner Gliederung und Wandlung.* Leipzig.

László, János / Viehoff, Reinhold 1993: „Literarische Gattungen als kognitive Schemata." In: *SPIEL* 12 (1993), H. 2, S. 230–251.

Luckmann, Thomas 1988: „Kommunikative Gattungen im kommunikativen ‚Haushalt' einer Gesellschaft." In: Smolka-Koerdt, G. / Spangenberg. P. M. / Tillmann-Bartylla, C. (Hgg.): *Der Ursprung von Literatur.* München, S. 279–288.

Neuber, Wolfgang 1989: „Zur Gattungspoetik des Reiseberichts. Skizze einer historischen Grundlage im Horizont von Historik und Topik." In: Brenner, P. J. (Hg.): *Der Reisebericht. Die Entwicklung einer Gattung in der deutschen Literatur.* Frankfurt/M., S. 50–67.

Plumpe, Gerhard 1993: *Ästhetische Kommunikation der Moderne. Band 1: Von Kant bis Hegel.* Opladen.

— / Werber, Nils 1993: „Kunst ist codierbar. Aspekte einer systemtheoretischen Literaturwissenschaft". In: Schmidt, S. J. (Hg.): *Literaturwissenschaft und Systemtheorie. Positionen, Kontroversen, Perspektiven.* Opladen, S. 9–43.

Rusch, Gebhard 1987: „Kommunikation, Mediennutzung, Gattungen." In: *SPIEL* 6 (1987), H. 2, S. 227–272.

Schön, Erich 1987: *Der Verlust der Sinnlichkeit oder Die Verwandlung des Lesers. Mentalitätswandel um 1800.* Stuttgart.

Schmidt, Siegfried J. 1994: *Kognitive Autonomie und soziale Orientierung. Konstruktivistische Bemerkungen zum Zusammenhang von Kognition, Kommunikation, Medien und Kultur.* Frankfurt/M.

— 1989: *Die Selbstorganisation des Sozialsystems Literatur im 18. Jahrhundert.* Frankfurt/M.

Segeberg, Harro 1983: „Die literarisierte Reise im späten 18. Jahrhundert. Ein Beitrag zur Gattungstypologie." In: Griep, W. / Jäger, H.-W. (Hgg.): *Reise und soziale Realität des 18. Jahrhunderts.* Heidelberg, S. 14–31.

Stewart, William E. 1978: *Die Reisebeschreibung und ihre Theorie im Deutschland des 18. Jahrhunderts.* Bonn.

Strelka, Joeph 1971: „Der literarische Reisebericht." In: *Jb. f. Internationale Germanistik* 3 (1971), S. 63–75.

— 1985: „Der literarische Reisebericht." In: Weissenberger, K. (Hg.): *Prosakunst ohne Erzählen. Die Gattungen der nicht-fiktionalen Kunstprosa.* Tübingen, S. 169–184.

Karl-Heinz Nickel

Das gesellige Paradies
Reiseliteratur zu Bad Pyrmont aus den Beständen der Fürstlich Waldeckischen Hofbibliothek zu Arolsen. Eine Skizze

I.

Der Reisebericht ist als eigenständige literarische Gattung in den vergangenen Jahren häufig behandelt worden,[1] doch liegt eine befriedigende Typologie der Reiseliteratur, die den Typ „Badereise" berücksichtigt, noch nicht vor.[2]

Für die Badereisen nach Pyrmont allerdings existiert eine verdienstvolle geschichtswissenschaftliche Dissertation: Auf Reinhold P. Kuhnerts Arbeit verweisen alle neueren Untersuchungen zur Pyrmonter Geschichte, insbesondere die Hefte der *Schriftenreihe des Museums im Schloß Bad Pyrmont*, die auf dieser Monographie aufbauen.

Kuhnert interpretiert die Quellen unter dem Gesichtspunkt der „Kommunikation der Aufklärungsgesellschaft". Anhand der auch in Arolsen vorhandenen jährlichen Kurlisten, worin Ankunftstag, Name, Stand, Unterkunft und Abreisetag genannt sind, konnte er die Identität und Frequenz der Besucher ermitteln. Weitere Recherchen konnten ausgehen von dem 1782 in Diederichs Pyrmonter Brunnenarchiv (S. 15–42) abgedruckten *Verzeichniß der königlichen, fürstlichen und geistlichen Herrschaften, welche Pyrmont mit ihrer Gegenwart beehrt haben, das von 1716 bis 1781 reicht, und dem Verzeichniß einiger seit 1752 in Pyrmont gewesener Gelehrten und Schriftsteller.*[3]

---

[1] Vgl. den Forschungsbericht von Peter J. Brenner in der *Einleitung* zu seinem Sammelband (Brenner, S. 7–49), dazu die Auswahlbibliographie der Forschungsliteratur zur Geschichte des Reisens und des deutschen Reiseberichts, S. 508–538.

[2] Vgl. die ersten Versuche von Segeberg und Siebers, bes. S. 20–28; eine literaturwissenschaftliche Monographie zur Badereise fehlt.

[3] Vgl. dazu jetzt den durch eine ausführliche Einleitung und Register erschlossenen Nachdruck von Siegrid Düll; weitere Hinweise zur Frequenz des Bades in den von W. Klapp herausgegebenen *Pyrmonter Blätter zum Nutzen und Vergnügen* von 1808, S. 176–178: *Summarische Uebersicht aller Curgäste und Fremden, welche seit dreißig Jahren den Pyrmonter*

Kuhnert befragt die Äußerungen der Besucher nach den medizinischen Gründen ihres Aufenthaltes, untersucht Sozial- und Kommunikationsstruktur der Gäste und hebt das Besondere des Bades als *sozial eximierten Bereich* (S. 146ff.) hervor. Dem folgt der nachstehende Bericht unter Berücksichtigung Arolser Quellen.[4]

II.

Pyrmont kam 1625 durch Erbschaft an das Fürstentum Waldeck, und seit ca. 1660[5] begann sein Aufstieg zum führenden Fürsten- und Modebad des 18. Jahrhunderts:[6]

„An der Spitze der berühmten Bäder Kontinentaleuropas nördlich der Alpen rangiert im 18. Jahrhundert die Trias Spa, Karlsbad und Pyrmont.[...] Als eines der großen europäischen Bäder des 18. Jahrhunderts zählt Pyrmont zu den wichtigsten Kommunikationszentren Deutschlands im Zeitalter der Aufklärung" (Kuhnert, S. 38f.).

Bad und Kommunikation sind denn auch die Pole einer Reise ins Bad Pyrmont. Beides wird unter hygienischen Gesichtspunkten gesehen, wie der

---

Brunnen besucht haben. Diese Tabelle reicht von 1774 bis 1803 und hat drei bemerkenswerte Spalten, z. B. „A. Nach den Ländern und Ortschaften": Daraus erfährt man, daß seit 1798 regelmäßiger Besuch „Aus Amerika" [!] erfolge, ebenso aus Kurland, Liefland, Rußland, England, Frankreich, Holland, Italien, Österreich, Polen, Schweden, Schweiz und Spanien! Spalte „B. Nach den Ständen": Sie unterscheidet „Königl. und Fürstl. Personen", „Gräfliche", „Adeliche" und „Bürgerliche", im Ergebnis insgesamt nichtbürgerliche 3894, bürgerliche 8697 Personen! Spalte „C. Nach dem Geschlecht": Die schwankenden Zahlen (1773 = Gesamt 518 Personen) haben einen Höhepunkt im Jahre 1801. Damals weilten 1057 männliche und 529 weibliche Personen im Bad. Über den ganzen Zeitraum bleibt das Verhältnis männlich/weiblich 2:1. Vgl. dazu auch Marcard 1805, S. 139ff.: „Zehnter Abschnitt: Uebersicht der Frequenz von Pyrmont seit dreyssig Jahren [...]", der fast die gleichen Zahlen nennt. Vgl. auch die Tabellen bei Kuhnert, S. 124f.

4   Zur Geschichte vgl. Mehrdorf/Stemler.
5   Vgl. Bolmann; Limberg.
6   Die *Pyrmonter Blätter zum Nutzen und Vergnügen*, Nr. 56 v. 30.12.1808 (Klapp, S. 375–378) veröffentlichen aus der Reisebeschreibung von Göde (S. 46–51) einen Vergleich zwischen dem englischen Bath und Pyrmont: Wenn überhaupt ein Vergleich gesucht würde, dann zwischen Bath und Pyrmont, deren Umgebung und Badeeinrichtungen manche Ähnlichkeiten haben, allerdings benennt er auch die Unterschiede: „Ohne Zweifel wird daher ein Fremder an den großen gastwirthschaftlichen Tafeln und in dem geräumigen Kaffeehause zu Pyrmont mehr Unterhaltung finden, als in den prächtigen Versammlungszimmern und den ansehnlichen Hotels zu Bath" (S. 378).

Göttinger Staatsrechtler Johann Stephan Pütter (1725–1807) bestätigt, wenn er den Rat eines Freundes zitiert:

„Bey ihrem Berufe, sagte er, werden Sie in ihrer Studierstube zuletzt alles nur zu einseitig und oft schief ansehen, wenn Sie nicht zu Zeiten fortfahren, mit Geschäfftsmännern sich zu unterhalten und einen Blick in die große Welt zu thun. Beide Zwecke werden Sie zu Pyrmont am füglichsten erreichen können" (Pütter, Bd. 2, S. 549).

Pütter folgte diesem Rat seit 1771 regelmäßig, denn die

„vertrauliche Unterhaltung [...] mit so vielerey anderm Umgange und mit so zahlreichen Gelegenheiten Erfahrungen und Beobachtungen zur Erweiterung der Menschenkenntniß zu machen, – diente mir bey jedem Aufenthalte zu Pyrmont ebensowohl zur Schule, um meine Kenntnisse zu erweitern und practischer zu machen, als zur Stärkung meiner Gesundheit" (ebd., S. 549).

Das Lob der „Localvorzüge" Pyrmonts (Pütter, Bd. 2, S. 551) in solchen Äußerungen läßt erkennen, wie sich die „lokale Aufklärungsgesellschaft erweiterte zur deutschen Aufklärungsgesellschaft" (Bödeker 1986, S. 104).

Schon vor der Gründung des Ortes Pyrmont hatte die in einem sumpfigen Wiesengelände gelegene Quelle einige Bedeutung. Im 14. Jahrhundert erstmals von Heinrich von Herford erwähnt, sind Kurgäste bereits für die Zeit um 1500 bezeugt. Europäische Berühmtheit erlangte der Brunnen in den Jahren 1556/57 während des sog. „Wundergeläufs", als Tausende von Heilungssuchenden dorthin kamen.

„Eine nicht zu unterschätzende Rolle spielte bei der Entwicklung der Bäder Aberglauben und Massensuggestion. Ein typisches Beispiel hierfür ist eine Episode aus der Geschichte Pyrmonts [...]. Im Jahre 1552 entsprang in der Nähe des Schlosses Pyrmont ein lange verschütteter Sauerbrunnen, dessen Ruf sich durch ganz Europa verbreitete [...] daß im Jahre 1556 innerhalb von vier Wochen mehr als 10 000 Gesunde und Kranke nach Pyrmont kamen. [...] Nun, Wunsch und Realität klafften doch allzuweit auseinander; zwar gab es viele Besucher, die Heilung oder Linderung fanden, andere aber fuhren ebenso krank, wie sie einst gekommen waren, wieder nach Hause, und manche starben im Bad. Schnell sank Pyrmont wieder zur Bedeutungslosigkeit herab – 1557 fanden sich noch einmal Tausende Gäste ein, aber dann ließ der Besuch von Sommer zu Sommer nach" (Prignitz, S. 55f.).

Nachdem Pyrmont durch die Fürsten von Waldeck systematisch ausgebaut wurde, entwickelte es sich bereits im letzten Drittel des 17. Jahrhunderts zu einem vielbesuchten Adels- und Bauernbad.[7] Besonders durch den Fürstensommer von 1681 wurde Pyrmont eine europäische Berühmtheit.[8] Der Fürstensommer von 1681 dauerte vom 9. bis 15. Juli und führte „mindestens fünfhundert Hofleute mit riesigem Gepäck, mit zirka hundert Karossen und Hunderten von Pferden" nach Pyrmont. Anwesend war der dänische Königshof, der kurpfälzische Hof, die beiden welfischen Höfe Hannover und Celle sowie der brandenburgische Hof! Neben diesem Ereignis werden nur noch drei Höhepunkte der Pyrmonter Badegeschichte genannt: 1716 besuchten Zar Peter der Große und der englische König Georg I. das Bad, in den Jahren 1744, 1746 weilten Friedrich der Große und 1797 der preußische König Friedrich Wilhelm II. in Pyrmont.[9]

Nach Kuhnert (S. 146) begünstigen die „Veränderung der äußeren Lebensumstände während einer Kur, das Herausgehobensein aus dem Alltag, der Ortswechsel, das Kennenlernen fremder Menschen, wie auch die von den Gästen an einen Kuraufenthalt herangetragenen Wünsche und Erwartungen [...] im 18. wie im 20. Jahrhundert das Durchbrechen gewohnter Verhaltensmuster". Das Bad macht das Außerordentliche möglich, läßt alle Konventionen schwanken – im Bad gilt: Erlaubt ist, was gefällt! Das etwa entnimmt man dem bekannten Bericht des Pyrmonter Badearztes Heinrich Matthias Marcard (1747–1817):

„Uebrigens ist der Umgang leicht und ungezwungen in Pyrmont und hat eine gewisse Freymüthigkeit, die man sonst unter dieser nördlichen Breite nicht leicht findet. Man redet ohne Bedenken jedermann an, [...] man nähert sich jedem Cirkel nach Gefallen, um an der Conversation theilzunehmen. Das zutrauliche Wesen, was man hier sieht, rührt ohne Zweifel daher, weil die Gesellschaft weiter in keinen Ver-

---

[7] Zum Bauernbad vgl. Lilge, S. 91–97.
[8] Zu diesem Ereignis vgl. den auf Archivarbeit beruhenden Aufsatz von Engel, S. 115–177.
[9] Die Anwesenheit der Königin Luise (1776–1810) wurde seitdem mehrfach literarisch bearbeitet, z. B. von Molo.

hältnissen steht und keine tiefliegendere Rücksichten gegeneinander zu nehmen hat" (Marcard 1784, Bd. 1, S. 74).
Dies bezeichnet Marcard einige Seiten weiter als „Urbanität", „wahre Belebtheit und feinen Umgang" (ebd., S. 77). Und in Diederichs *Brunnenarchiv* von 1782 wird unter der Rubrik *Ungedruckte Aufsätze und Gedichte* ein *Fragment eines Gesprächs am 22. Julii 1780 vor dem Coffeehause zu Pyrmont gehalten* abgedruckt:

M. Marcard, *Beschreibung von Pyrmont,* Bd. I (1784). Die große Allee.

„Nicht leicht giebt es einen Ort in der Welt, wo sich mehr Stof zu Bemerkungen über die galante Welt darbietet, und über die mancherley Eitelkeiten der Menschenkinder, als vor dem Coffeehause in der Pyrmonter grossen Brunnenallee. Nicht leicht werden auch an irgendeinem Orte alle Sinne auf eine angenehmere Art befriedigt als eben hier. Man denke sich eine gemischte Gesellschaft von Leuten aus entfernten Provinzen, oft selbst aus mehreren Nationen; unter diesen manche von gutem Kopf, gründlicher Kenntniß und vieler Erfahrung, von denen jeder, vermöge der hergebrachten Brunnenfreiheit, sich ohne Zurückhaltung mittheilt. Alle diese sitzen unter den grüngewölbten, schattenden Linden bey einer Tasse Coffee oder Chocolade, welche auf den Brunn vorzüglich gut schmeckt, versammelt, und wer ein Liebhaber davon ist, nimmt ein Pfeiffchen [!] wohlriechenden Knasters zu Hülfe. In der Nähe hat man die vortreflichste Musik einer zahlreichen Bande geübter Hautboisten. Das unaufhörliche Auf- und Niedergehen der Fremden aus allen Nationen und Ständen, giebt dem Auge das reizendste Schauspiel, und verschaft im Nothfall Materie genug zu angenehmer Unterhaltung. Alles dieses nehme man zusammen, so hat man den Vorschmack von Mahomeds Paradiese" (Diederichs, S. 42f.).

Selbstverständlich ist seit dieser Zeit das Pyrmonter Kaffeehaus auch in allen literarischen Beschreibungen zu finden. Karl August Tittmann schreibt aus eigener Erfahrung: „Das angenehmste dabei ist, daß man in Pyrmont wie in einer großen Stadt lebt."[10] Diese Urbanität des idyllischen Ortes, der Blick auf das Gewimmel aus dem Kaffeehaus heraus, berührt ein bekanntes balneologisches Lehrgedicht von Valerius Wilhelm Neubeck[11] *Die Gesundbrunnen. Ein Gedicht in vier Gesängen.* Darin ist neben mehreren in- und ausländischen Kurorten auch von Pyrmont die Rede:

Dennoch fand Hygieens vertrautester Liebling für seine
Krankheit nirgends ein Heilungskraut: bis endlich die Nymfen
Sein sich erbarmten, und ihm die Genesung am heiligen Borne
Wieder verliehn. [...]
Doch wohnt in den Hallen des heiligen Bornes
Nachbarlich ein Najade, mit deren Krystall sich der Wein auch
Brausend vermählt, und herzquickend im vollen Pokal perlt.
Hast du solches vollbracht, dann laß nicht während dem Nachtisch
Dich beschleichen den Schlaf. Mit lethäischem Mohne bestreut er
Sonst die Schläfe dir, ach! und du sinkest in dumpfen Schlummer,
Aus dem trüb und bewölkt du wieder erwachst, und entkräftet.

---

[10] Tittmann, S. 30; zu Karl August Tittmann (1775–1834), Dr. theol. et jur. Konsistorialrat, regelmäßiger Besucher Pyrmonts, vgl. *DBA* 1276, 121–130 und Eisenhart, in: *ADB*, Bd. 38., S. 388–389.

[11] Neubeck, Valerius Wilhelm (1765–1850), Arzt, über sein balneologisches Lehrgedicht vgl. Albertsen, S. 370–380 u.ö.

> Suche den schattigsten Gang, und mische dich unter die Menge,
> Wo man mit fröhlichem Scherze die zögernden Stunden beflügelt. [...]
> Andre Zerstreuungen sind noch übrig, die Zeit dir zu kürzen.
> Einige lieben das Spiel mit dem elfenbeinernen Balle, [...]
> Oftmahls sah ich den Freund der Musik die Stunden beflügeln
> [...] (Neubeck, S. 20, 78–80).

Allerdings gab es auch andere Urteile über Pyrmont: „Böse Zungen haben im 18. Jahrhundert immer wieder behauptet, daß man Pyrmont nicht wegen seiner Wasser, sondern nur seines gesellschaftlichen Glanzes und des Glücksspieles halber aufsuche."[12] Und bei Marcard findet man fast eine Bestätigung: „Man muß nicht lauter traurige, schreckhafte Kranke, Krüppel, Lahme und Todesgestalten um sich hersehn, die alle Augenblicke die Imagination mit niederschlagenden Bildern trüben,[13] sondern so heiter und frölich als möglich muß alles seyn, was den, der gesund werden soll, umgiebt. In allen diesen Dingen ist Pyrmont vorzüglich. Die vielen Gesunden oder halb Kranken, welche nach Pyrmont kommen [...] mildern durch die Mischung das Elend", damit nicht die „ganze Probekarte des menschlichen Elends an einem Tische zu essen [...] sitzt" (Marcard 1784, Bd. 1, S. 44).

Die heftigste Kritik an den Pyrmonter Zuständen steht allerdings in der Apodemik des Johann Peter Willebrandt:[14]

---

[12] Biehn/Herzogenberg, S. 39, allerdings ohne Beleg! Zum „Glücksspiel" vgl. noch E.T.A. Hoffmanns *Spielerglück* in den *Serapions-Brüdern*: „Mehr als jemals war im Sommer 18.. Pyrmont besucht. Von Tage zu Tage mehrte sich der Zufluß vornehmer reicher Fremden und machte den Wetteifer der Spekulanten jeder Art rege. So kam es denn auch, daß die Unternehmer der Farobank dafür sorgten, ihr gleißendes Gold in größern Massen aufzuhäufen als sonst, damit die Lockspeise sich bewähre auch bei dem edelsten Wilde, das sie, gute geübte Jäger, anzukörnen gedachten" (Hoffmann, S. 712).

[13] Vgl. die Brunnenordnung von 1795, in: Bühren, S. 29*: „Lahme, Krüppel, oder mit widrigen äuserlichen Schaden behaftete Personen, dürfen sich an öffentlichen Plätzen nicht sehen lassen [...]"

[14] Willebrandt (1719–1786), Jurist und Reiseschriftsteller in Hamburg. Nach Stagl, S. 102, wurde dieser viel benutzte Reiseführer erst durch die Werke Reichards vom Ende des 18. Jahrhunderts abgelöst. Zum ökonomischen Vorteil der Spielbank dagegen vgl. die Fußnote bei Gottfried Käppel: „Daß die Selbstliebe der Pyrmonter bey ihren mannigfaltigen, für die Kurgäste getroffenen, lobenswerthen Veranstaltungen nicht ungeschäftig ist, wird Niemand läugnen, welcher die Triebfedern der menschlichen Thätigkeiten kennt. Die Mitwirkung eines erlaubten Interesse leuchtet Jedem von selbst ein. Aber verliert wohl deswegen dasjenige, was Tausenden wesentlich nützt, und Pyrmont's Einwohner von Andern vortheilhaft auszeichnet, alles Verdienst?" In: *Pyrmont's Merkwürdigkeiten*, S. 59–60.

„[...] daneben aber weisset dieser kleine Schauplatz einem aufmerksamen Zuschauer die eine Hälfte des Tages den Menschen in seiner sichtbaren elenden Beschaffenheit, und die andere Hälfte in seiner unheilbaren Eitelkeit [...] Stolz, Eitelkeit, ausschweifende Liebe, Begierde zum Gewinn, unmäßge Speisen und Getränke, zu heftige Leibesbewegungen, mit einem Worte, was den Aerzten in der Ferne und den Einwohnern zu Pyrmont neuen Verdienst und Nahrung zum voraus verkündiget, ist in der andern Hälfte des Tages der mehresten Brunnengäste Beschäftigung. Und alles was die Leidenschaften zu einer unmäßigen Höhe treibe, scheinet von Mittag bis Abend die ordentliche Brunnenregul zu seyn. [...] Was würde des Demokrit und des Heraklit Beschäftigung allhier gewesen seyn? Ich sage es durchaus nicht, was ich gedenke. Mich lüstet kein zerkratzt Gesichte, behüte mich die Zeichenkunst! Ich habe niemals einen grösseren Trieb empfunden, einen Ort zu verlassen als diesen" (Willebrandt, S. 363, 366).

III.

Regeln für die Abfassung von Reiseberichten konnten die Autoren des 18. Jahrhunderts den seit der Renaissance bekannten Apodemiken entnehmen. Für die weitere Darstellung erscheint es mir wichtig, diese Vorgaben kurz vorzustellen, um die individuellen Ausführungen des traditionellen Schemas unterscheiden zu können.

In Ermangelung einer apodemischen Schrift des 18. Jahrhunderts zur Badereise,[15] sei hier an den Artikel *Reisen* in Zedlers Lexikon verwiesen,[16] wo der Typ „Badereise" allenfalls dem Lemma *Gesundbrunnen* zugeordnet werden kann. Zentral ist die Anweisung Nr. 85:

---

[15] Willebrandts Werk ist apodemisch nur in den *Allgemeinen Erinnerungen für junge Reisende vor und nach der Reise*, (S. 1ff. mit insgesamt 47 Punkten) und in den eingestreuten *practischen Anmerkungen*; zur Badereise direkt finden sich keine Hinweise.

[16] Bd. 31., Sp. 366–385. Krünitz, 123.Teil, hat einen umfangreichen Artikel *Reisen*, S. 141–195, mit weiterführender Literatur. Der Artikel selber ist nicht ergiebig, nur der Hinweis auf die „Reiseklugheit", d. h. die neuen Apodemiken (S. 145) erscheint ihm wichtig. Der Artikel hat nicht die systematische Ordnung des Zedler, kennt nicht die Badereisen, verteilt die anderen Typen über den ganzen Text.

„Bey den Gesundbrunnen, wenn und bey was vor Gelegenheit sie entstanden, ob sie starcken Quell und Zufluß haben, ob keine wilde Wasser zuflüssen, ob die Passagiers an dem Orte mit allem nöthigen wohl versehen sind, ob angenehme Gegenden und lustige Spatziergänge da herum, ob sie von vielen Fremden besucht werden, von welchen Orten die Fremden sonderlich kommen, ob das Wasser verführet werde, und zwar ohne Abgang der Krafft, ob eigne Leute über den Brunnen bestellt, welche Mineralien sonderlich prävaliren, was sie vor Effecte thun, in Ansehung der Krankheiten und Beschwerungen, wie der Brunnen angelegt, ob er überhaupt oder nicht, wo sich die Quelle des Sauerbrunnens eigentlich anfange. Und fast eben dieses ist auch bey den warmen Bädern in Obacht zu nehmen."

Die Stadt-, Wald-, Fluß- und Bergbeschreibungen umrahmen die Beschreibung des Badeortes – dies ist der Kernbereich der einschlägigen Auskünfte.

Wie weit diese apodemischen Vorgaben gehalten haben, erkennt man daran, daß zwei berühmte Reiseführer aus der ersten Hälfte des 19. Jahrhunderts – *Engelmann und Reichard's Taschenbuch für Reisende durch Deutschland* und *Reichard's Passagier auf der Reise in Deutschland und der Schweiz*[17] – genau diese Einteilungen noch kennen: Bäderreisen – Städtereisen – Flußreisen, besonders Donau-, Rhein- und Moselreisen – Bergreisen, jetzt Gebirgsreisen mit der Untergliederung Alpenreisen, Schweizerreisen, Harzreisen, Reisen ins Riesengebirge. Nur die Waldreisen erscheinen nicht als besonderer Typ.

Adolph Freiherr von Knigge fügt seinen Ratschlag für Badereisende erst in die fünfte Auflage von *Über den Umgang mit Menschen* (1796) ein, wenn er Regeln für einen Badeaufenthalt aufführt, der auch für ihn ein Heraustreten aus der bürgerlichen Ordnung darstellt:

„Wenn man, seiner Gesundheit wegen, oder um sich zu zerstreuen und zu erheitern, in ein Bad reist, so hüte man sich, seine häuslichen

---

17 Engelmann/Reichard, S. 289ff. *Bäder und Badereisen*, mit Artikeln zu Pyrmont und dem hessischen Hofgeismar, [*Seereisen* S. 301ff., *Donaureisen* S. 307ff., *Gebirgsreisen* S. 319ff., darin besonderer Abschnitt *Alpenreisen* und *Rheinreisen* S. 341ff]. Reichard/Herbig, S. 402ff.: *Badereisen und Beschreibungen* (auch hier Artikel zu Pyrmont, Wildungen und Hogeismar), [S. 520ff.: *Donau-, Rhein- und Moselfahrten*, S. 543ff.: *Reise auf den Harz und in das Riesengebirge*, S. 567ff.: *Schweizerreise* und Reisen zu wichtigen europäischen Städten: Paris, St.Petersburg, Stockholm und London; zu beiden Werken vgl. Stagl, S. 86–87].

und andern Sorgen mit dahin zu nehmen! Man bestrebe sich, wenigstens für die Zeit alles zu entfernen und daheim zu lassen, was böse Laune und Kümmernisse erwecken kann! Man unterbreche seinen ernsthaften Briefwechsel, fliehe jede Arbeit, die Anstrengung erfordert und versehe sich mit so viel Geld, daß man sich nicht manches unschuldige Vergnügen zu versagen brauche! Wer klug ist, flieht das Spiel, da eigentlich aus allen Bad- und Brunnenörtern auf ewig verbannt sein sollte und überhaupt nur für die unbedeutendsten Menschen eine Lieblingsbeschäftigung sein kann. In Bädern soll jeder dazu mitwürken, allen lästigen Zwang, nicht aber Sittsamkeit und Gefälligkeit aus den gesellschaftlichen Zirkeln zu verbannen. Hier, besonders wenn der Kreis der Gäste klein ist, muß eine Menge Rücksichten und Vorsichtigkeitsregeln, denen man sich im bürgerlichen Leben unterwirft, wegfallen, Duldung und Einigkeit herrschen und aller Parteigeist muß beiseite gesetzt werden. Man lebt da nur für unschuldigen Genuß und Vergnügen. Nach Ablauf dieser Zeit rückt jeder wieder in die Rolle ein, die der Staat ihm anvertrauet hat" (Knigge, S. 275).

Erweitert werden die hier von Knigge genannten Aspekte durch Marcards Beschreibung von Pyrmont. Darin finden sich ausgedehnte Passagen topischer Landschafts- und Stadtbeschreibung:

„Die Gegend von Pyrmont ist eine der anmuthigsten und schönsten in den niedern Theilen von Deutschland. Das Thal, in dessen Schooße dieser erste und vornehmste deutsche Gesundbrunnen quillt, ist lachend, fruchtbar, belebt und nicht enge; sein Character ist ruhigfrohe Anmuth. Es ist reizent durch seine natürliche Schönheiten und erfreuet durch die vielen Spuren von Menschen, die man darin wahrnimmt" (Marcard 1784, Bd. 1, S. 3/4).

Marcard spricht von „weitläuftigen Anlagen", „Mannigfaltigkeit und Schönheit" der Berge, dem „reizenden Gemählde", der „ruhigen reizenden Gegend", den „Freuden des Landlebens". Kurz: „Man kann mit Wahrheit sagen, Kunst und Natur haben in diesem Thale miteinander gewetteifert, um es zu einem schönen Orte zu machen" (ebd., S. 4–6, 9, 11).

Alle Versatzstücke des älteren Städte- und Landlebenslobes findet man wieder. Wenn nicht der Hinweis auf Pyrmont gegeben wäre, könnten auch andere Orte so beschrieben sein. Der Apodemiker Willebrandt (S. 364) vergleicht denn auch die Natur Pyrmonts mit dem Hinweis auf die Werke der bekannten Dichter Brockes, Boileau, Hagedorn, Rabener, Gellert, Klopstock und Lessing.

Neben Marcards Werk, das alle apodemischen Vorgaben erfüllt, sollen zwei Reiseberichte aus dem 18. und drei aus dem 19. Jahrhundert vorgestellt werden, die jeweils diese Regeln variieren.

Der Chronologie folgend, beginne ich mit der Reise nach Pyrmont von Justus Möser im Jahre 1746, dann soll die Badereise Heinrich August Ottokar Reichards[18] – 1773 veröffentlicht – vorgestellt werden. Nur kurz eingegangen wird auf drei Reiseromane des 19. Jahrhunderts von Georg Christian Sponagel, Friedrich Volger und Heinrich Koenig.

IV.

Über die Pyrmontaufenthalte von Justus Möser gibt es – ich folge hier der Arbeit von Brigitte Erker – mehrere gleichzeitige Quellen: Neben den Kurlisten, den Schlüsselgeldlisten (eine Art Kurtaxe) und dem bereits genannten Brunnenarchiv von 1782 das Logisverzeichnis des Hauses Niemeyer, der Stammpension von Möser, das zufällig erhalten geblieben ist. Gerade das Logisverzeichnis ist sehr aussagekräftig, denn nach ihm wurden die Kammergelder, eine Art Steuern, berechnet; es mußte vom Hauseigentümer sorgfältig geführt werden und gibt Auskunft über alle Ausgaben eines Kurgastes während seines Besuches.

Dank dieser Quellen gelang es, die 17 Kuraufenthalte von Möser in der Zeit von 1746 bis 1793 zu rekonstruieren. Über seinen ersten Besuch berichtet er in einem fiktiven Brief an seine Schwester, der auf seine „glückliche und gesunde" Ankunft anspielend eine topisch wiederkehrende, für Pyrmont geläufige Tatsache erwähnt: „Wer hier krank ist, der ist im Paradiese verdammt. So habe ich auch noch zur Zeit wenig kranke Gesichter in der Allee gesehen" (S. 25). Denn „unser einer gehet zum Gesundbrunnen ... [um]

---

[18] Reichard, Heinrich August Ottokar (1751–1828), zeitweise Bibliothekar in Gotha, Reiseschriftsteller u. a., vgl. Stagl, S. 87 und *DBA* 1010, 95–108.

hier wie im Paradiese allerley Nationen und Religionen" zu finden (S. 26). Dieses Paradies zu beschreiben, ist nur möglich unter der Annahme, „daß ein Heiliger hier begraben liegen müsse" (S. 27).

Nun beginnt er die apodemischen Vorgaben – wie nach Zedler – abzuarbeiten: Er beschreibt die Häuser, die Allee, das Ballhaus, das Schloß und die Frauen, bei diesen besonders die entsprechenden Umgangsformen, denen er das „Liebessystema" von Pyrmont abschaut. Bei der Benutzung des Brunnens bewundert er die beim Trinken des Heilwassers auftretenden „lebendigen Barometer" (S. 28), dies sei „eine Methode [...] um sich mit guter Manier einer anklebenden Gesellschaft zu entladen" (S. 29).

Mit Wortspielen und beißender Ironie wird der „nachläßigen Ordnung" der Freizeitvergnügen gedacht. „Tugendhaft ist man heute nur, weil es Mode ist", und dieser ehemaligen Pflicht kommt man heute „mit der größten Wohllebenheit von der Welt" nach. In diesem Paradies begegnen sich „lauter wohlgepflegte Leiber, die von dem Flor ihres Landes zeugen". Hierher sollten „alle Gelehrten, die Lebensläufe schreiben wollen", gehen, denn hier erhalten sie genug „heimliche Nachrichten", die man dann den Verlegern als Memoiren anbieten könne (S. 30).

Wohl auf die Masse der Reisebeschreibungen polemisch anspielend, zeigt er das Gegenteil des Paradieses, nämlich einen Ort der menschlichen Laster, wo selbst das Heilwasser zwar den inneren Dreck, die Laster, hervorspült, diese Reinigung aber nur dafür sorgt, daß man die nächsten Eskapaden besser übersteht.

Im Alltag des braven, pflichtbewußten, sittenstrengen Beamten Möser liegt das Paradies Pyrmont exempt, d. h. es liegt außerhalb der bürgerlichen Ordnung und läßt die Badereise zu einer exemplarischen Antireise werden. Wüßte man nicht, daß Möser ein so häufiger Besucher des Bades war, müßte man nach diesem Bericht vermuten, er sei nie wieder nach Pyrmont gereist.

1773 veröffentlichte zunächst anonym der bekannte Reiseschriftsteller Heinrich August Ottokar Reichard seine kurz *Geschichte meiner Reise nach Pirmont.*[19] War Mösers Werk ein Reisebrief, so stellt sich Reichard auch for-

---

[19] Ernst August Anton von Göchhausen (1740–1824) heiratete eine Tochter von Reichard, so ist es sicher kein Zufall, daß die *Geschichte meiner Reise nach Pirmont* in Arolsen mit Göchhausens Werk *Meine Reisen* zusammengebunden wurde. Zu Göchhausen vgl. Michelsen, S. 89–90; Reichard soll 1768 von seinem Studienort Göttingen aus eine Reise nach Pyrmont unternommen haben, so bei Michelsen, vgl. S. 92.

mal ganz in die Tradition seiner Vorbilder, die er gleich im ersten Satz nennt: „Wenn doch der Verfasser bedacht hätte, daß er weder Yoricks noch Jacobi's Genie besässe!"(S. 3)[20]

In den einzelnen Kapiteln wechseln Dialog und Räsonnement miteinander ab. Eingestreut sind lyrische Passagen nach Art der Werke von Jacobi: Er hat wohl zuerst diesen Wechsel von Prosa und Poesie in die Reiseberichte eingeführt.

Ein weiteres Werk muß aber noch genannt werden, Johann Gottlieb Schummels *Empfindsame Reisen durch Deutschland von S****, die 1771/2 erschienen.[21]

Zieht man die Werke von Sterne, Jacobi und Schummel zu Rate und betrachtet den Aufbau von Reichards Pyrmontreise, so wird das beinahe Konventionelle deutlich: Nach der Verbeugung vor den Vorbildern (1. Kap.) und einer Entschuldigung bei den Freunden (2. Kap.) schildert Reichard Begegnungen mit zwei epikureischen Begleitern (3. u. 6. Kap.), einer hübschen Naiven (4. Kap.), einem Alten (5. Kap.), schiebt sentimentale Betrachtungen über einen Heiligen (7. Kap.), die Schilderung eines Gewitters (8. u. 9. Kap.), ironische Bettreflexionen (10. Kap.) und eine Morgenbegrüßung mit Hagedorn (11. Kap.) ein, satirisiert die Rezensenten Wielands (12. Kap.) und überquert die Weser, mit Reflexionen über die Argo und die Kolumbiaden[22] wird ein idyllisches Dorf erreicht: „Allein, leider! das Landleben, wenn es über acht Tage dauret, gefällt nur noch im Gemählde" (13. Kap., S. 27). Nun ruft sich der Verfasser selber zur Ordnung, denn mehr als die Hälfte des Textes ist vorbei, ohne daß Pyrmont erreicht worden ist. Als literarische

---

[20] Zu Sterne vgl. Michelsen, S. 92 u. Sauder. *Yoricks Reise des Herzens durch Frankreich und Italien* von Laurence Sterne erschien 1768 auf deutsch, im folgenden Jahr gab Johann Georg Jacobi seine *Winterreise* und 1770 seine *Sommerreise* in Halberstadt heraus. Gemeint sind also diese drei sentimentalen Reisebeschreibungen.

[21] Vgl. dazu Michelsen, S. 88, 117–140. Die Abhängigkeit Reichards von Schummel verdeutlicht die Inhaltsübersicht von Reichards Reisebericht mit Schummels Räsonnement über die Entstehung seines Werkes: „Und wie entstanden die andern Beiden? Alles hat seine Zeit, sagt Vater Salomon – Gespräche aus dem Zusammenhange reißen, den Zusammenhang ergänzen, von dem Wirthe zur kleinen Naiven, und von der kleinen Naiven zu meinen Freunden überhüpfen, das Regelmäßige oder doch die Zeitordnung dieses Ueberhüpfens anzeigen" (Schummel, Bd. 2, S. 30).

[22] Angespielt wird entweder auf Johann Jacob Bodmers *Colombona* von 1753 oder auf die *Colombiade* von 1756 der Marie A. Du Bocage. Die deutsche Übersetzung: *Die Columbiade oder der in der neuen Welt übergehende Glaube. Ein Heldengedicht*. Glogau 1762.

Lizenz für die bisherigen Exkurse und Digressionen wird Swifts *Tonnenmärchen* zitiert, das auch erst nach langen Umwegen erzählt wird:

"Sind sie mit ihrer Tonne bald fertig mein Herr? ich sehe wohl, ihre Reise nach Pirmont, geht so krumm, als der Kinder Israel ihre in dern Wüsten. – Verzeihn Sie mir, meine Freunde, diese kleine Krümme, meine Ausrufungen sollten Ihnen nur den Weg verkürzen, sehn Sie, wir hab'n ihn verschwazt, dort liegt Pirmont!" (14. Kap., S. 29)

Für Pyrmont selber bleiben nur fünf Kapitel und diese sind nur ein Pflichtprogramm: Nicht die Natur des "anmuthigen Bades" (S. 30) steht im Vordergrund, die Menschen, die Charaktere werden geschildert. Im 15. Kapitel sind es die ersten Bekannten, im 16. Kapitel werden die Krücken im Brunnenhaus, den umhergehenden Damen gegenübergestellt: "Eine überraschende, einnehmende Aussicht!" (S. 32), denn ohne die Damen "wäre Pirmont so öde und wüste für mich gewesen" (17. Kap., S. 33). Der Besucher des Kaffeehauses und der Spieler wird gedacht (18. Kap.), das ganze endet in der Komödie, die man nicht wegen der Stücke besucht, sondern wegen der tölpelhaften Schauspieler, die sogar Lessings "Miß Sara Sampson" verunstalten (19. Kap.).

Zugleich mit der literarischen Komödie endet auch die menschliche Komödie; die Freunde werden verabschiedet (20. Kap.). Der Dichter entschuldigt sich für den abrupten Schluß, er hätte noch viele "sogenannte empfindsame Anmerckungen" (S. 39) geben können.

Eingeschoben in diesen Text sind weitere Anspielungen, auch auf deutsche, französische und englische literarische Vorbilder, so auf Klopstock, Ossian, Voltaire, die gesamte Genieästhetik, die Natur- und Mondscheinpoesie und alle Abstufungen empfindsamer Dichtung – ein Panorama der Literaturgeschichte. Ein Beispiel dafür ist die gekrönte Dichterin und Mitglied der Deutschen Gesellschaften zu Göttingen und Jena Charlotte Wilhelmine Amalie von Donop[23] (1723–1800). Sie besingt 1750 in vier Liedern und in schwerfälligen Alexandrinern *Die Schönheiten Pyrmonts*. Dabei verwendet sie die Topik der Stadt- und Landschaftsbeschreibung, teilweise in Schäferpoesie, ähnlich wie Marcard. Da Fräulein von Donop, wie die Biographen sagen,

---

[23] Donop, Charlotte Wilhelmine Amalie, *Die Schönheiten Pyrmonts*, Göttingen 1750, in: Weisser, S. 41–62; zu von Donop, vgl. Suchier, S. 70, Nr.101, Dichterkrönung 1749, und Otto, S. 42 sowie *DBA* 248, 192–194.

verwachsen war, scheint Reichard mit der Bemerkung „oder in den Nymphen-Wuchs der Fräulein von M***" (S. 5) auch auf sie anzuspielen. Sie steht hier für viele andere poetische Verarbeitungen einer Reise ins Bad Pyrmont im 18. Jahrhundert.

V.

Während des 19. Jahrhunderts begegnet Pyrmont zunehmend auch im Medium der Erzählung.

Zu Georg Christian Sponagels Briefroman: *Meine viertägigen Leiden im Bade Pyrmont,* 1824,[24] bemerkt Karl August Tittmann in seinem *Taschenbuch für Curgäste*, dieser Roman sei ein „Product des Scherzes [...] Die Beziehungen auf die Pyrmonter Localitäten und Einrichtungen, welche dieses Schriftchen enthält, macht es dem Curgast allerdings interessant" (Tittmann, S. 135). Die Stationen und Eigenheiten Pyrmonts werden von Sponagel richtig dargestellt, bestätigt der häufige Kurgast Tittmann.

„Ich habe das Gleichgewicht meiner Empfindungen verloren" (S. 4): Mit dieser Begründung reist der Erzähler nach Pyrmont in die Kur (erster Brief). Sein Arzt verspricht sich eine erfolgreichen Therapie: „Gesundheit ist die Stimmung, ohne äußere Veranlassung froh zu seyn" (S. 8). Dieser Einsicht folgend verspricht er dem Freund, täglich zu schreiben, damit auch andere „theilnehmende Seelen Zeuge werden, wie mein trüber Geist sich allmählig den düstern Nebelwolken entzieht" (S. 14). So kommt der Neuling in Pyrmont an (zweiter Brief, S. 17ff.) und wird von allen Bedienten sofort als „Baron" angeredet. Der bürgerliche Kurgast wagt nicht, diesen Irrtum aufzulösen, und bleibt vier Tage ein Adliger, der von der ersten Stunde an wegen seiner beschränkten ökonomischen Verhältnisse Angst hat. Er stolpert von einer peinlichen Situation in die andere, an deren Ende er stets der Zahlende ist, und wird zur Hauptperson eines prosaischen Lustspiels, einer Satire auf den geizigen Tolpatsch.

---

[24] Sponagel, Georg Christian (1763–1830), Advokat zu Ratzeburg, dänischer Justizrat. Dieser Roman erschien zuerst 1809 unter dem Titel: *Meine viertägigen Leiden im Bade zu Pyrmont. In Briefen an einen Freund. Eine Brunnenlectüre in vier Portionen zu lesen, wenn der Arzt den Mittagsschlaf untersagt hat.* Hannover 1809, 2. Aufl. 1814, die 3. Aufl. 1824 befindet sich in Arolsen.

Dabei bevorzugt der Autor die Situationskomik. Schon am ersten Kurtag wird der Erzähler vom Essen abgehalten, von Damen ausgenommen, er fällt in Pferdemist und wird von der Brunnenpolizei verhaftet. Nachdem sich das Mißverständnis geklärt hat – natürlich mit Geld – kommt er nachts in sein Quartier, verfehlt sein Zimmer, weckt das ganze Haus und wird in einer peinlichen Situation mit einer Bedienten ertappt. Alles klärt sich auf, und er kann endlich einschlafen, allerdings um einige Taler ärmer und viele Erfahrungen reicher.

Ähnlich verlaufen die drei folgenden Tage, an denen er sich durchhungern muß. Selbst am vierten Tag (vierter Brief, S. 159–291) bleibt er ohne Essen. Nun überstürzen sich die Ereignisse: Von den Alleevögten wegen seiner unkorrekten Kleidung verfolgt,[25] flieht er aus der Stadt in die Felder, stürzt in eine Grube, wird gerettet und erreicht nach vielen Bezahlungen sein Quartier. Er verläßt zum letzten Mal sein Zimmer, wird von einem angeblichen Insulaner geprellt, will die Komödie besuchen, wird dort hinausgeworfen, kauft ein Tanzbillet, aber keine Damen kommen, am Spieltisch verliert er letzlich alles – als er den Ballsaal verläßt, steht Freund Rudolf vor ihm und löst sofort alle Schwierigkeiten auf.

Die Komödie ist zu Ende, eine humorvolle Skizze derber Späße der habgierigen Pyrmonter Bevölkerung mit einem sensiblen Kurgast hat einen versöhnlichen Schluß gefunden.

Im selben Jahr erscheint auch Friedrich Volgers Briefroman *Vier Wochen in Pyrmont* unter seinem Pseudonym Adolph Bühren.[26] Sieben Briefe, zwischen dem 28. Juli und dem 12. August 1823 geschrieben, berichten über Pyrmont und die Liebe zwischen dem unverheirateten Gutsbesitzer Karl Belting und der Hamburger Kapitänstochter Julie Rosenfeld. Die sieben Briefe verteilen sich auf die beiden Hauptpersonen, Karl schreibt fünf an seinen Freund Reglow und Julie zwei Briefe an ihre Tante, die Majorin von Berg, bei der sie aufgewachsen war, da der Vater seit langer Zeit auf See vermißt und

---

[25] Vgl. die Brunnenordnung von 1797, a. a. O. (FN 13), S. 28*: „Werden weder in denen Ball-Saelen noch Caffee-Hause Livree-Bedinten, so wie auch Christen und Juden den gemeinen Standes zugelassen, sondern bleiben nur wohlbekleideten Personen des Standes offen, von denen man der Beobachtung eines sittlichen Wohlstandes versichert ist."

[26] Jetzt als Nachdruck mit erläuternder Einleitung von Titus Malms leicht zugänglich, vgl. Bühren, darin S. V–XIII Biographie zu Volger.

die Mutter früh verstorben ist. Die beiden Briefe von Julie sind insgesamt nur 28 Seiten lang, die weibliche Sicht bleibt unterrepräsentiert.

In den beiden ersten Briefen von Karl (S. 3–68) wird über Pyrmont und den Kuralltag nach apodemischen Vorgaben, u. a. des ausdrücklich genannten Marcard, berichtet. Hier auch der Hinweis auf den Besuch einer Quäkerkirche (S. 43ff.) durch Karl. Noch heute ist Bad Pyrmont Zentrum der deutschen Quäker.

Gleich zum Auftakt wird Pyrmont von Karl als ein „paradiesisch schönes Winkelchen" (S. 3) bezeichnet. Ein „irdisches Paradies" lächelt ihm entgegen, als er Julie begehrt, die er sich als Frau für sein Gut wünscht, dessen Umgebung er „zu einem kleinen Eden umgeschaffen" hatte (S. 188).

Und wie er sie aus dem Paradies entführt, schildern der dritte bis siebte Brief: „Meine Relation über Pyrmont geht in einen Roman, in den förmlichsten Liebesroman über" (S. 69).

Erzählt wird vom 6.August 1823, dem Tag der Liebesbegegnung zwischen Karl und Julie; im nachfolgenden Teil von Theaterbesuchen (S. 2–8, 145–152) und den Experimenten Karls in der Dunsthöhle (S. 168–178), bei denen er sich als naturwissenschaftlicher Fachmann entpuppt.

Der siebte Brief, der fünfte Akt in dem Lustspiel um die Liebe, führt ein zweites Paar zusammen: Nun will auch die Freundin Julies, Ida, heiraten; der Vormund von Julie, Senator Gleich, gibt seine Zustimmung zur Ehe, nachdem alle ökonomischen Zweifel beseitigt sind. Auf dem Höhepunkt der wunderbaren Entwicklung entdeckt der Vormund unter den Gästen des Bades den lange für tot gehaltenen Vater von Julie.

„Wer's Glück hat, führt die Braut heim" (S. 229). Nicht nur für die Figur der Ida, die erst zur Ehe überredet werden mußte, spielt Volger mit seinem Titelsprichwort aus *Der Widerspenstigen Zähmung* auf Shakespeares Lustspiel an.

Einen Familienroman könnte man das Werk Heinrich Königs[27] – *Eine Pyrmonter Nachcur* (1869) nennen. Zwei große Kapitel – *Die Cur* (S. 1–98) und *Die Nachcur* (S. 99–356) – teilen das umfängliche Werk.

---

[27] König selbst nennt seinen letzten Roman eine „Familien- und Herzensgeschichte" (S. VIII). Heinrich König (1789–1869), Landtagsabgeordneter in Hessen, dann freier Schriftsteller, schrieb 1852 auch eine zweibändige Biographie über Georg Forster.

Zwei Karrieren, so könnte man König interpretieren, bieten sich einem Bürgerlichen im industrialisierten Deutschland des 19. Jahrhunderts an, die eine führt auf ökonomischer Basis zum Geldadel, die andere über meist landwirtschaftlichen Grundbesitz, Heirat und Standeserhebung zur Aufnahme in aristokratische Kreise. Für beide Karrieren ist Pyrmont nun der Katalysator, hier trifft sich Geburtsadel und reiches Bürgertum, hier werden die Ehen geschlossen und nur die in Pyrmont geschlossenen Ehen versprechen auch, erfolgreich zu sein. Die Geschäfte des Martin Mertens gehen gut, er hat einen „kränklichen, wenig versprechenden Sohn und eine Tochter, die sich mit gutem Aussehen ganz hübsch entwickelt hatte" (S. 3). Eine Hilfe ist ihm bei seinen Geschäften der

„junge Elzheim, aus guter aber zurückgebliebener bürgerlicher Familie, [...] mit einem feinen, einnehmenden Äußern, einem lebhaften Eifer und vielfacher Brauchbarkeit im Geschäft. Herr Mertens besprach sich gern mit ihm und führte ihn ausnahmsweise seiner Familie zu, wo er sich die Gewogenheit der Frau Mertens und die Zuneigung der Tochter bald zu erwerben wußte" (S. 4).

Die Entwicklung ist vorherzusehen. Elzheim heiratet die Tochter, der Sohn stirbt und der Schwiegersohn wird in die Firma aufgenommen. Der Sohn Gottfried wird geboren, doch er verliert die Mutter mit fünfzehn Jahren. Auch in der zweiten Ehe wird ein Sohn, Albert, geboren. Beide entwickeln sich unterschiedlich, der leichtfertige Gottfried ist ein Theaterfreund, der strebsame Albert ein erfolgreicher Geschäftsmann. Da wird Gottfried krank, der sich im Ausland befindliche Albert wird zurückgerufen, beide treffen sich in Pyrmont. Hier weilt die Generalin von Salisch mit ihrer Nichte Antonie von Sachtleben, beide pflegen Umgang mit dem weltklugen Oberstudienrat Dr. Lüdemann, Vertreter des Bildungsbürgertums. Um diese Personen herum entwickelt sich ein Beziehungsgeflecht, das Gottfried mit Antonie verbindet. Die *Cur* endet mit dem Versuch, Gottfried zu adeln.

Die *Nachcur* sieht Gottfried als geadelten Ehemann der Antonie, der alte Elzheim ist bereits gestorben, nur Albert ist noch allein, aber ökonomisch sehr erfolgreich. Wieder wollen sich die beiden Brüder in Pyrmont gemeinsam erholen. Albert trifft dabei zufällig vor der Stadt die vernünftige, sachliche Hedwig Siebrecht, deren bisher verborgene Neigungen nun endlich auch ihn in den Hafen der Ehe führen.

Krankengeschichten sucht man vergebens. Von der Kur wird überhaupt nicht gesprochen und sowohl Landschaftsschilderungen wie Personencharakteristiken bleiben marginal. So handelt es sich eher um ein Soziogramm der Zeit in einem Entwurf diskreter Privatheit und persönlichen Glücks im Paradies, dem eximierten Ort.

VI.

Damit endet der Blick auf die literarische Ausgestaltung der Reiseberichte zu Pyrmont. Diese führten von der Schilderung eines idyllischen Gesundbrunnens, über die biedermeierliche Typensatire zum utopischen Ort gesellschaftlicher Versöhnung. Die Doppelthemen Kur und Paradies, Kur und Liebe, Kur und Ehe bleiben Standard der Badereiseberichte bis weit ins 19. Jahrhundert hinein. Zur Kur fahren kann tatsächlich Heilung suchen heißen, aber auch Zeitvertreib, Geselligkeit und temporäre soziale Utopie.

Literaturhinweise

a) Quellen

Böger, Richard 1899: *Ein National-Heiligtum der alten Sachsen und seine Geschichte*. Pyrmont.

Bolmann, Georg 1661: *Kurtze Beschreibung Des Pyrmontschen Saurbrunnens / Sonst genand Der Heilige Brunn / so für undenklichen Jahren bey dem Schloß Pyrmont entstanden; Wie man denselben seiner Natur und Krafft nach / mit Nutzen / so wohl innerlich als äusserlich / gebrauchen sol*. Rinteln.

Bühren, Adolph (d.i. Friedrich Volger) 1824: *Vier Wochen in Pyrmont oder: Wer's Glück hat, führt die Braut heim. Erzählung in Briefen*. Braunschweig. [Mit einer Einleitung neu hg. v. Titus Malms. Bad Pyrmont 1990].

Diederichs, Heinrich Christian (Hg.) 1782: *Pyrmonter Brunnenarchiv*. Berlin. [ND der Originalausgabe mit einer Einführung hg. v. Siegrid Düll. Zum Jubiläum der Stadtrechte Pyrmont 1720–1995. Sankt Augustin 1995].

Engelmann, Julius Bernhard und Heinrich August Ottokar Reichard 1835: *Engelmann's und Reichard's Taschenbuch für Reisende durch Deutschland und die angränzenden Länder*. 4., verb. u. verm. Aufl. Frankfurt a. M.

[Friedrich II. v. Preußen (d.Gr.)] 1784: *Lebens- und Regierungsgeschichte Friedrichs des andern Königs in Preussen / erster Theil, welcher die Geschichte der ersten sechs Regierungsjahre desselben, nemlich von 1740 bis zu Ende 1745 enthält*. Leipzig.

Garfs, Joachim 1988: *Begegnung mit Bad Pyrmont. Ursprung, Vergangenheit, Gegenwart*. 5., neu bearb. u. erg. Aufl. Bad Pyrmont.

Göde, Christian August Gottlieb 1804/5: *England, Wales, Irland und Schottland. Erinnerungen an Natur und Kunst auf meiner Reise 1802/3*. Dresden. (2. Aufl. 1807).

Hoffmann, Ernst Theodor Amadeus 1819–1821/1979: *Die Serapions-Brüder*. Bd. 3: *Spielerglück*. Darmstadt, S. 712–743.

Hufeland, Christoph Wilhelm 1831: *Praktische Uebersicht der vorzüglichsten Heilquellen Teutschlands nach eignen Erfahrungen*. 3., verm. Aufl. Berlin. (1. Aufl. 1815, 2. Aufl. 1820).

Jacobi, Johann Georg 1770–1774: *Sämtliche Werke*. 3 Teile in 3 Bdn. Bd. 2: *Die Winterreise; Die Sommerreise*. Halberstadt.

— 1825: *Sämtliche Werke*. 4 Bde. Zürich.

Käppel, Gottfried 1810: *Pyrmont's Merkwürdigkeiten. Eine Skizze für Reisende und Kurgäste*. 2., stark verm. Aufl. Pyrmont.

Klapp, W. (Hg.) 1808: *Pyrmonter Blätter zum Nutzen und Vergnügen*. H. 1–56, S. 1–382. (Nr.1, Donnerstag, 4.2.1808 – Nr.56, Freitag, 30.12.1808).

Klostermann, Maria Magdalena o. J.: *Das goldene Erinnerungsbuch: Pyrmont in Sage, Bild und Dichtung*. Melle.

Knigge, Adolph Freiherr v. 1796/1991: *Über den Umgang mit Menschen*. Hg. v. K.-H. Göttert. 5., verb. u. verm. Aufl. Stuttgart.

Koenig, Heinrich 1869: *Eine pyrmonter Nachcur.* Roman. Leipzig. (Derselbe: *Gesammelte Schriften.* Bd. 20, Leipzig 1869).

Krünitz, Johann Georg (Hg.) 1813: *Reise.* In: Ders.: *Encyklopädie, oder allgemeines System der Staat-, Stadt-, Haus- und Landwirtschaft, und der Kunstgeschichte in alphabetischer Ordnung* [Zuerst fortgesetzt von Friedrich Jakob Floerken, nunmehr von Heinrich Gustav Flörke]. Berlin, Bd. 122, S. 141–222.

Kurlisten Pyrmont 1773 – 1917: *Verzeichnis derer angekommen Brunnengäste und Fremden bey dem Gesundbrunnen zu Pyrmont Anno [...].* Lemgo.

Limberg, Johann 1690: *Denckwürdige Reisebeschreibung durch Teutschland, Italien, Spanien, Portugall, Engeland, Franckreich und Schweitz, &.* Leipzig.

Luc, Jean André de 1781: *Physicalisch und moralische Briefe über die Geschichte der Erde und der Menschen.* Aus dem Französischen v. Johann Samuel Traugott Gehlen. Leipzig.

Marcard, Heinrich Eugen (Hg.) 1861: *Pyrmont und seine Umgebung in geschichtlichen und landschaftlichen Schilderungen* v. H.L. und M. Marcard. Paderborn.

Marcard, Heinrich Matthias 1784–1785: *Beschreibung von Pyrmont.* 2 Bde. Leipzig.

— 1799: *Reise durch die französische Schweitz und Italien. Erster Theil.* Hamburg.

— 1805: *Kleines Pyrmonter Brunnenbuch, für Kurgäste zu Hause und an der Quelle.* Veränd. und verm. Aufl. Pyrmont. (1. Aufl. 1791).

Molo, Walter v. 1924: *Gesammelte Werke in drei Bänden.* Bd. 2: *Der Roman meines Volkes.* Teil 2: *Luise).* München.

Moritz, Karl Philipp 1785/1977: *Anton Reiser. Ein psychologischer Roman.* Mit Textvarianten, Erläuterungen und einem Nachwort hg. v. W. Martens. Stuttgart.

Neubeck, Valerius Wilhelm 1798: *Die Gesundbrunnen. Ein Gedicht in vier Gesängen.* Leipzig.

Pütter, Johann Stephan 1798: *Selbstbiographie zur dankbaren Jubelfeier seiner 50jährigen Professorsstelle zu Göttingen.* 2 Bde. Göttingen.

Raabe, Wilhelm 1861: *Der heilige Born. Blätter aus dem Bilderbuche des achtzehnten Jahrhunderts.* 2 Bde. Wien, Prag.

Reichard, Heinrich August Ottokar 1773: *Geschichte meiner Reise nach Pirmont.* O. O. (Angebunden an: Ernst A. von Göchhausen: *M.... R.... [Meine Reisen],* o. O. u. J. [Ca. 1770]).

— und Friedrich August Herbig 1843: *Reichard's Passagier auf der Reise in Deutschland und der Schweiz, nach Amsterdam, Brüssel, Kopenhagen, London, Mailand, Paris, St.Petersburg, Pesth, Stockholm, Venedig und Warschau. Mit besonderer Berücksichtigung der vorzüglichsten Badeörter und Gebirgsreisen, der Donau- und Rheinfahrt. Ein Reisehandbuch für Jedermann.* 12. Aufl. v. neuem durchgesehen, berichtigt u. ergänzt. Berlin.

Schummel, Johann Gottlieb 1771–1772: *Empfindsame Reisen durch Deutschland von S***.* 3 Teile in 3 Bdn. 2. Aufl. Wittenberg und Zerbst.

Sponagel, Georg Christian 1824: *Meine viertägige Leiden im Bade Pyrmont. Eine Brunnenlektüre.* 3., unveränd. Aufl. Pyrmont.

Sterne, Laurence 1977: *Yoricks Reise des Herzens durch Frankreich und Italien* Aus dem Englischen übersetzt und mit einem Nachwort versehen v. Helmut Findeisen. Mit zwölf Holzschnitten nach Tony Johannot. Frankfurt a. M.

Tittmann, Karl August 1825: *Pyrmont. Ein Taschenbuch für Kurgäste. Aus Dankbarkeit gegen Pyrmonts Quellen geschrieben.* Meißen.

Wachler, Ernst 1914: *Osning. Roman.* 2. Aufl. Leipzig.

Weisser, Anna (Hg.) 1907: *Altes und Neues vom hilligen Born. Dem Andenken Caroline von Linsingens.* Pyrmont.

Willebrandt, Johann Peter 1758: *Historische Berichte und practische Anmerkungen auf Reisen in Deutschland, in die Niederlande, in Frankreich, England, Dännemark, Böhmen und Ungarn.* Mit einer Vorrede hg. v. Gottfried Schütze. Frankfurt und Leipzig.

Zedler, Johann Heinrich (Hg.) 1739: *Pyrmont.* In: Ders.: *Grosses vollständiges Universallexicon aller Wissenschaften und Künste.* Leipzig, Bd. 39, Sp. 1813–44.

— 1742: *Reise, Reisen, Reisender, Reisebeschreibung.* In: Ebd. Leipzig, Bd. 31, Sp. 359–386.

b) Kritische Literatur

Albertsen, Leif Ludwig 1967: *Das Lehrgedicht eine Geschichte der antikisierenden Sachepik in der neueren deutschen Literatur mit einem unbekannten Gedicht Albrecht von Hallers.* Aarhus.

Alfter, Dieter (Hg.) 1994: *Badegäste der Aufklärungszeit in Pyrmont. Beiträge zur Sonderausstellung „... bis wir uns in Pyrmont sehen". Justus Mösers Badeaufenthalte 1746–1793.* Bad Pyrmont. (Schriftenreihe des Museums im Schloß Bad Pyrmont, Bd. 25).

Biehn, Heinz und Johanna Baronin Herzogenberg 1960: *Große Welt reist ins Bad. Nach Briefen, Erinnerungen und anderen Quellen zur Darstellung gebracht.* München.

Bödeker, Hans Erich 1986: *Reisebeschreibungen im historischen Diskurs der Aufklärung.* In: Ders., u. a. (Hgg.): *Aufklärung und Geschichte. Studien zur deutschen Geschichtswissenschaft im 18. Jahrhundert.* Göttingen, S. 276–298. (Veröffentlichungen des Max-Planck-Instituts für Geschichte, Bd. 81).

— 1986: *Reisen – Bedeutung und Funktion für die deutsche Aufklärungsgesellschaft.* In: Griep/ Jäger 1986, S. 91–110.

Brenner. Peter J. (Hg.) 1989: *Der Reisebericht. Die Entwicklung einer Gattung in der deutschen Literatur.* Frankfurt a. M.

Engel, Hermann 1983: *Der Pyrmonter Fürstensommer von 1681. Eine Studie zu Politik und Diplomatie am Ende des 17. Jahrhunderts.* In: Geschichtsblätter für Waldeck, Jg. 71, S. 115–178.

Erker, Brigitte 1991: *Justus Möser in Pyrmont 1746–1793.* Bad Pyrmont. (Schriftenreihe des Museums im Schloß Bad Pyrmont, Bd. 17).

Griep, Wolfgang / Jäger, Hans-Wolf (Hgg.) 1983: *Reise und soziale Realität am Ende des 18. Jahrhunderts.* Heidelberg. (Neue Bremer Beiträge, Bd. 1).

— 1986: *Reisen im 18. Jahrhundert. Neue Untersuchungen.* Heidelberg. (Neue Bremer Beiträge, Bd. 3).

Jäger, Hans-Wolf (Hg.) 1992: *Europäische Reisen im Zeitalter der Aufklärung.* Heidelberg. (Neue Bremer Beiträge, Bd. 7).

Kuhnert, Reinhold P. 1984: *Urbanität auf dem Lande. Badereisen nach Pyrmont im 18. Jahrhundert*. Göttingen. (Veröffentlichungen des Max-Planck Instituts für Geschichte, Bd. 77).

Lilge, Andreas 1994: *Pyrmont als Bauernbad*. In: Alfter 1994, S. 91–97.

Martin, Alfred 1906: *Deutsches Badewesen in vergangenen Tagen. Nebst einem Beitrag zur Geschichte der deutschen Wasserheilkunde. Mit 159 Abbildungen nach alten Holzschnitten und Kupferstichen*. Jena.

Mehrdorf, Wilhelm und Luise Stemler 1985: *Chronik von Bad Pyrmont. I./II. Teil. Geschichte des Bades und der Stadt Bad Pyrmont*. Hg.: Stadt Pyrmont. Bad Pyrmont.

Michelsen, Peter 1962: *Laurence Sterne und der deutsche Roman des achtzehnten Jahrhunderts*. Göttingen. (Palaestra. Bd. 232).

Otto, Paul 1898: *Die deutsche Gesellschaft in Göttingen (1738–1758)*. München. (Forschungen zur neueren Litteraturgeschichte, Bd. 7).

Prignitz, Horst 1986: *Wasserkur und Badelust. Eine Badereise in die Vergangenheit*. Leipzig.

Sauder, Gerhard 1974/1980: *Empfindsamkeit*. Bd. 1: *Voraussetzungen und Elemente*. Bd. 3: *Quellen und Dokumente*. Stuttgart.

— 1983: *Sternes »Sentimental Journey« und die »empfindsame Reise« in Deutschland*. In: Griep/Jäger (Hgg.) 1983, S. 302–319.

Sautermeister, Gert 1992: *Spannweite der Gegensätze, nähe der Extreme. Zur Unverjährtheit eines Unbekannten. Jens Baggesen: »Das Labyrinth oder Reise durch Deutschland in die Schweiz 1789«*. In: Jäger 1992, S. 360–385.

Segeberg, Harro 1983: *Die literarisierte Reise im späten 18. Jahrhundert. Ein Beitrag zur Gattungstypologie.*. In: Griep/Jäger 1983, S. 14–31.

Siebers, Winfried 1992: *Beobachtungen und Räsonnement. Typen, Beschreibungsformen und Öffentlichkeitsbezug der frühaufklärerischen Gelehrtenreise*. In: Jäger 1992, S. 16–34.

Stagl, Justin unter Mitarbeit v. Klaus Orda und Christel Kämpfer 1983: *Apodemiken. Eine räsonierte Bibliographie der reisetheoretischen Literatur des 16., 17. und 18. Jahrhunderts*. Paderborn. (QASS, Bd. 2).

Suchier, Wolfram 1916: *Die Mitglieder der Deutschen Gesellschaft in Göttingen von 1738 bis Anfang 1755*. Hildesheim.

Anselm Maler

Hans Adolf Friedrich von Eschstruths
Heßische Poetische Blumenlese mit Musik –
ein Zeugnis der Provinzial-Dichtung in der Aufklärungszeit[1]

Die *Heßische Poetische Blumenlese mit Musik*, eine Sammlung, die der Kasseler Hofgerichtsrat Hans Adolf Friedrich von Eschstruth im Jahr 1783 herausgab, liegt in einem Oktavbändchen von 110 Seiten vor und umfaßt 66 Stücke weitgehend mäßiger Poesie. Ihr Erfolg war gering. Ein zweiter Jahrgang erschien 1784; dann ging das Unternehmen ein. Drei Exemplare blieben erhalten. Rechtfertigt dieser Befund überhaupt die Beschäftigung mit einer so marginalen Erscheinung?

Man wird das unter der Bedingung bejahen können, daß die Besichtigung auch nicht-professioneller Äußerungen dichterischen Bemühens Einblicke in die Mechanik unserer Überlieferung erlaubt, und das ist hier der Fall. Denn Eschstruths Anthologie dokumentiert zuerst einmal den Versuch des Herausgebers, literarisches Leben territorial gebunden zu organisieren und zu dokumentieren. Und sie gibt darüber hinaus Aufschluß über die regionale Dimension des literarischen Prozesses überhaupt, wenn man sie im Kontext ihrer Gattung, der Musenalmanache, betrachtet, die im späten 18. Jahrhundert den Buchmarkt überschwemmen.

Wohl nirgendwo sonst im literarischen Leben dieser Zeit ist das Interesse, territorialpatriotisch definierte Identität öffentlich zu bekunden, ist das Bedürfnis der beteiligten Herausgeber, Autoren und Leser, die Verfaßtheit ihres geistigen Lebens in einer örtlich spezialisierten Verbreitungsform wiederzufinden, ähnlich konstitutiv wie in den Almanachen.

Man kann es von den Titeln der oft nicht viel längerlebigen Anthologien ablesen, die neben der Eschstruthschen Sammlung in den 1770er bis 1790er Jahren erscheinen: – die *Schlesische Blumenlese* (1777) – die *Preußische Blumenlese* (Königsberg 1777) – die *Estländische Poetische Blumenlese* (1780ff.) – Stäudlins *Schwäbische Blumenlese* (1783) – die *Schweitzerische Blumen-*

---

[1] Gekürzte Fassung eines Vortrags im Rahmen des Symposions *Literatur und Regionalität* an der Universität Kassel, 21. bis 23. April 1994.

lese (1780–83) – die Nürnberger (1782ff.), Dresdener (1784) oder Stuttgarter (1793) *Poetischen Blumenlesen* und die zahllosen anderen Sammlungen, die oft nach dem Vorbild der Göttinger *Poetischen Blumenlese* (1769) und des *Musenalmanachs* von Boie (1770ff.) entstanden.

York-Gothart Mix hat in seiner Sichtung des Bestandes zwischen Sammlungen unterschieden, die als Vaterländisches Museum der Poesie verstanden sein wollen, und lokalgesellig orientierten Provinzialalmanachen; davon abgehoben werden noch einmal die wenigen überregional bedeutenden Musenalmanache wie der Göttinger, der Wiener, der Leipziger oder die Musenalmanache von Voß und Schiller.

Schon dieses grobe typologische Schema bildet die räumliche Orientierung einer literarischen Praxis ab, deren Produktions- und Rezeptionsbedingungen man primär der geschichtlich-sozialen Wirklichkeit, erst sekundär den „Zeichenbeziehungen des literarischen Kunstwerks zu dieser Wirklichkeit" (Mecklenburg, S. 198), der ästhetischen Qualität also, zugeordnet sehen muß. Was diese betrifft, so meldet die Literaturgeschichte bereits für die Professoren des späten 18. Jahrhunderts, Lichtenberg an der Spitze, eine erkennbare Abneigung gegen die Musenalmanache (Mix, S. 125). Schillers Urteil, das die Gattung 1782 zum „Maßstab der Provinzialkultur" erklärt, würde die Sammlung Eschstruths sicherlich einbeziehen. Denn der Provinzialalmanach will, wie der Breslauer Anthologist Kausch 1786 erklärt, die „Selbstarbeit" vieler literarischer Kleinmeister fördern, die Sitten verfeinern, das Talent erproben und die Aufklärung verbreiten (ebd., S. 93). Fast die gleichen Überlegungen stellt der Herausgeber der Hessischen Blumenlese an: Junge Talente will er fördern und aufklären. Vorrang hat jedoch die in der Dedikation an den Landgrafen Friedrich II. geäußerte Absicht, „jedes vaterländische Product des Genies" vorzustellen, das zur „Kultur des Herzens, des Verstandes und der Sprache in meinem Vaterlande etwas beytragen könte" (Eschstruth, Vorrede). Die *Heßische Poetische Blumenlese* verstünde sich demnach als ein Vaterländisches Museum der Poesie.

Das Programm, das diesem Anspruch gerecht werden soll, betont das Gemäßigte und Konventionelle. Seine Auswahl, sagt Eschstruth in dem ausgedehnten Blumengleichnis seiner Vorrede, soll eine wohltuend natürliche Vielfalt der Beiträge bieten, doch soll diese auch wieder begrenzt sein: Stilistische Unzulänglichkeiten hat der Herausgeber verbessert, extrem Erscheinendes ausgesondert. Erwünscht ist die im Klassizismus der Aufklärung kultivierte stilistische Mittellage.

Damit ist nun aber nicht nur eine ästhetische Grenze gezogen, sondern mittelbar auch eine räumliche, vor allem gegen das früher begonnene Göttiger Unternehmen. Der ausdrückliche Verzicht des Herausgebers auf die Vorschaltung eines Kalenders, den Boies Almanach enthielt; die Beigabe von Liedtonsätzen andererseits, die auch dort zu finden waren, lassen die hessische Sammlung als Replik auf das ältere Muster erscheinen. Die Verdammung allzu heftig reizender Gewächse – die Vorrede spricht metaphorisch von Tulpen und spanischem Pfeffer – distanziert schließlich die eigenen Beiträge von den revolutionären Sturm- und Dranghymnen und Schauerballaden, die mit Goethes *Mahomet* und *Adler und Taube* oder Bürgers *Lenore* (1773) im Göttinger Musenalmanach zu finden waren.

Was haben die von Eschstruth ermutigten Beiträger dem entgegenzusetzen? Thematisch erst einmal wenig, das sich mit Hessen verbinden ließe.

Besungen werden die Jahreszeiten *(Im Herbst)* und die Tageszeiten *(Abendlied)*, das Eheglück in den *Gedanken einer Glücklichen Gattin* und das Familienleben im Nachruf eines Anonymus auf seine Schwester. Kleine Gedichte über Torheiten der Mode *(Auf die großen Hüte)*, die Assemblee, einen Konzertbesuch, „wo die Schönen bey der vortreflichsten Arie unaufhörlich plauderten" *(Impromptu)*, thematisieren das gesellige Leben. Die zahlreichen, oft epigrammatisch verkürzten moralischen Gedichte zweifeln an der Aufrichtigkeit eines Kompliments, verurteilen die Gottlosigkeit eines Herrn von Kümmel (damit sich der Himmel darauf reimt), beklagen die Titelsucht der Zeitgenossen und die Gedankenlosigkeit der Schriftsteller. Sie geißeln, wie Horaz, die Geschwätzigkeit und katalogisieren, mit einem der Titel, *Was mich ärgert*, nämlich: Wollust, ungerecht verteilter Reichtum und Spielsucht der höheren Stände.

Neben solch moralischer Kasuistik dominieren die Ereignisse in der Kasseler Residenz. Die Kasualcarmina der Anthologie feiern glücklich verlaufene Reisen der hessischen Prinzen, die patriotische Freude der Katten bei der Durchreise Prinz Wilhelms durch Hanau und Marburg am 10. und 11. Februar 1783; sie besingen die Schleifung der Kasseler Festungswerke und den Namenstag der Landgräfin Leopoldina. „Was aber Kassel sah [...] Begreifen unsre Sinnen kaum!" (Eschstruth, S. 109)

Solche Themen sind dem Leser des Jahres 1783 nicht gerade neu. Scharfsinnige Enthüllungen menschlicher Fehler, Motive der bürgerlichen Geselligkeit, Lobtopik und Ausblicke auf die große höfische Welt, das alles gehört seit den 40er Jahren zum Repertoire der bürgerlichen Kleindichtung, die in den *Moralischen Wochenschriften*, in den Gedichtbänden und Separata der poetae minores des 18. Jahrhunderts erscheint. Nicht anders verhält es sich mit den lyrischen Formen, auf die sich der Stoff verteilt. Das Aufgebot der Hessischen Blumenlese: Erzählgedicht *(Charon)* und Epigramm, Kantate *(Die Sibylle v. Cumae)* und Panegyricum stammen aus dem klassizistischen Literatursystem der Frühaufklärung; die eine oder andere elegische (Gatterer) oder enthusiastische Ode (Eschstruth) gehört zur empfindsamen Konvention der Klopstockzeit; Schauerballaden knüpfen an die Bardenmode der Hainbunddichter an. Und wenn Hans Adolf v. Eschstruth ein Seelenlied von Johann David Busch *An Lyda* mit der Anweisung „schmachtend" vertont, so erinnert man sich an die von Philipp Emanuel Bach acht Jahre zuvor in Töne gesetzte Klopstock-Ode an *Lyda* (1775).

So viel Herkömmlichkeit der Themen und Formen, dazu die Tatsache, daß die Beiträge zur *Heßischen Poetischen Blumenlese* prinzipiell Erstveröffentlichungen darstellen, und schließlich die Öffnung der Sammlung für Einsendungen ihrer Leserschaft, alles dies entspricht auf das genaueste dem bis in die Biedermeierzeit hinein konstanten Erscheinungsbild der Musenalmanache. Was also macht die Hessische Blumenlese, wenn ihre Konstituenten in so hohem Maß austauschbar sind, zu einem Zeugnis territorialpatriotischer Dichtung? Die Zugehörigkeit der Beiträger zu Eschstruths Marburger Freundeskreis oder ihre Ansässigkeit in der hessischen Landgrafschaft können als zureichende Kriterien nicht gelten. Spezifischer für die Bestimmung dessen, was ihre regionale Dimension ausmacht, erscheinen mikrologische Befunde zu den Biographien der Autoren. Wer ihre Beachtung nicht scheut, wird vielleicht bei einem Epigramm des 1754 in Kassel geborenen kurhessischen Oberforstrats Ludwig Karl Eberhard Heinrich Friedrich von Wildungen haltmachen. Wildungen, der Sproß einer alten Familie Waldecker Erbhofsassen, war auf *Lieder für Forstmänner und Jäger* (1788) spezialisiert, bevor er, gemeinsam mit dem Fürstlich Waldeckischen Regierungsrat zu Arolsen, Philipp Ludwig Bunsen, 14 Bände eines *Taschenbuchs für Forst- und Jagdfreunde* (1794–1812) in Marburg herausgab. In seinem autobiographischen

Bericht (vgl. Strieder, s. v.) findet man warme Worte für die Natur- und Forstpflege, in der Wildungen die Erfüllung seines Lebens sah. Düster dagegen spricht er von den Jahren einer früh mit dem Studium begonnenen Karriere als Verwaltungsjurist in Rinteln, in die ihn der Vater bis 1781 genötigt hatte. *Des Brod ich eße, des Lied ich singe* – lautet der entsprechend vielsagende Titel seines Epigramms für die Blumenlese:
    Die Pflicht verlangt dies unbedingt
    Drum manches Lied so mager klingt (Eschstruth, S. 99).
Marburg, Rinteln und Kassel: diesen kulturräumlich eng beieinanderliegenden biographischen Stationen ist die nüchterne Einsicht abgerungen. Wildungens Epigramm ist, was man ihm nicht ansieht, ein auf Erfahrung gegründetes Lebenszeugnis.

    Andere Spuren regionaler Bedingtheit trägt ein *Abendlied* der Göttinger Professorentochter Philippine Gatterer. Die junge Poetin, eine Freundin G. A. Bürgers, hatte bereits einen umfangreicheren Gedichtband veröffentlicht, als sie im Sommer 1780 nach Kassel reiste, um sich von Ludwig Wilhelm Tischbein für den Göttinger Musenalmanach von 1781 porträtieren zu lassen. Monate später heiratet sie den Kasseler Kriegsrat Engelhard, lebt in glücklicher Ehe und macht ihr Haus zum Treffpunkt musischer Geselligkeit. In diesen Bereich fällt – wie übrigens der größte Teil ihrer Produktion – auch der Anlaß zu ihrem *Abendlied*, dessen Untertitel die Entstehung *Nach einem Spaziergang aufs Land. Im Frühling 1782* vermerkt. Nimmt man dies wörtlich, und das dürfte erlaubt sein, ergibt sich ein für den Text nicht unwichtiges Interpretament. Das übergreifende Thema des Abendlieds nämlich ist die beglückte Empfindung Gottes, der schönen Natur, des jungen Liebesglücks und der Freude am eigenen Dichten. Andererseits ist der Spaziergang, der sie erweckte, anstrengend gewesen. So sind ein gutes Abendessen und die Aussicht auf Erholung im Schlaf die Voraussetzung für den Aufschwung des dichtenden Gefühls:
    Wie war ich matt nach dieser kleinen Reise,
        Daß ich fast sank!
    Nun hat erquikt mich angenehme Speise
        Und kühler Trank.
    Jetzt werd' ich gleich die müden Glieder senken
        Auf weichen Pflaum.

Im Schlummer selbst vielleicht mir Freuden denken,
    In buntem Traum.
Gott! wie viel Glük läßt du schon auf mich fließen
    In dieser Zeit (Eschstruth, S. 4).

Man müßte weiter ausholen, um die an dieser Stelle sichtbar werdende „Distanz des ästhetischen Gebildes zu seinem Entstehungzusammenhang", zu seinen „regionalen Herkunftsbezügen" vollständig zu bestimmen (Mecklenburg, S. 198). Eine sorgfältige und aufhaltsame Analyse, in die ein Vergleich mit dem Odenton Höltys oder Matthissons eingänge, würde Kriterien dafür benennen, muß hier jedoch entfallen, wo es genügen mag, ein besonderes Problem für die kritische Deutung des Gatterer-Gedichts ausgemacht zu haben. Das ist die Duplizität von Regionalem und Überregionalem, von Partikularem und Universalem in poetischen Texten von sekundärem Rang.

Für die *Heßische Poetische Blumenlese* als Ganzes läßt diese Duplizität sich zunächst in die literarsoziologische Außenperspektive fassen Philippine Gatterer hat nämlich nicht nur die Sammlung Eschstruths, sondern auch den *Nürnberger Musenalmanach* beliefert, ein Zeichen der Verbundenheit mit der Stadt ihrer Herkunft. Sie hat an Bürgers *Göttinger Musenalmanach* mitgearbeitet, aber auch in den weiter verbreiteten Hamburger und Leipziger und anderen Musenalmanachen veröffentlicht. Auch Wildungen hat den *Göttinger Musenalmanach*, Matthissons *Lyrische Anthologie* und kleinere Periodica beschickt. Diese diffuse, von den Lieferanten der Musenalmanache allgemein geübte Streuung läßt erkennen, wie schwierig es ist, den Gegensatz zwischen der überregionalen Betätigung der Autoren und Leser einerseits, den vaterländischen und provinzialräumlichen Ambitionen der meisten Almanache andererseits zu bestimmen. Es dürfte nur über sehr kleinteilige in der hermeneutischen Fragestellung begrenzt relevante Einzelstudien möglich sein.

Die Duplizität von regionaler und überregionaler Dimension ist nicht an bestimmte Gattungen – den Musenalmanach – oder an einzelne lyrische Formen gebunden. Sie begegnet im bürgerlichen Kasualgedicht *An Doris Geburtstage bei Uebersendung eines Kranzes*, das den kleingeselligen Anlaß in den Rang des Immergültigen hebt, ebenso wie im Anruf an ein Klavier; besonders aber bei den höfischen Panegyrica.

Es unterstreicht die vaterländische Zielsetzung Eschstruths, daß er deren zehn in seine Sammlung aufgenommen hat, allen voran Beiträge des Hofdichters und Literaturprofessors am Kasseler Carolinum, Joh. Wilhelm Casparson und seines Schülers Tobias Dick. Dick übt sein Talent unter anderem *Bey der Ankunft Sr. Hochfürstl. Durchlaucht des Prinzen Friedrichs zu Heßen auf dem Schloße Weißenstein 1782*. In den zehn Vierzeilerstrophen des so betitelten Gedichts werden zunächst Kasseler Lokalspezifika erwähnt: Schloß Weißenstein (Wilhelmshöhe), der „kolossalische Alcid" (Herkules), das schaurige Herbstwetter – dann setzt die Lobtopik zur Erhebung des Prinzen ein:

> [...]
> durch Dich, dem [!] theuren Fürsten Sohne
> Friedrich! Friedrich scheint das Herbst Gewand
> Lieblicher, als herrscht auf seinem Throne
> Noch der May mit milder Hand.
> Ja so leben traurige Gefilde,
> Die die kalte Hand des Winters drückt,
> Wieder auf, wenn mit beseelter Milde
> Frühlings=Sonne auf sie blickt.
> [...]
> Wer sonst kaum der Thränen Wollust kannte,
> Schmilzt in nie gefühlter Wehmuth hin;
> Ein Gefühl im ganzen Vaterlande
> Herrscht in aller Herz und Sinn (Eschstruth, S. 62f.).

Die Strophen sind nicht nur von ihren rhetorischen und patriotischen Parametern her zu verstehen. Erklärungsbedürftig erscheint vielmehr die ihnen eingeschriebene Widerrede gegen das Partikulare. Dicks Panegyricum führt einerseits Lokalität vor Augen. Deren Geltung andererseits ist universell gedacht. Denn im absolutistischen Herrschaftsmodell ist der Fürst Repräsentant des Ganzen. Was immer er unternimmt, so besagt die gesellschaftliche Verabredung, der die Regeln des Repräsentationsgedichts folgen, darf das Interesse der Welt beanspruchen.

Die Diktion des Gedichts wiederholt diese Duplizität. Sie pflegt einerseits einen Ton persönlichen Enthusiasmus, der das Partikulare als das Individuelle betont. Da sie andererseits aber den Gesetzen der Rhetorik folgt, die selbst im späten 18. Jahrhundert länder- und sprachenübergreifend gelten, enthält sie auch ein universelles Moment. Die Doppelung spiegelt sich noch in dem eingelagerten Dichterbekenntnis des Autors:

Stärker ist sie, der Empfindung Flamme,
Als der Muse Lobgedicht (Eschstruth, S. 64).

Die vermutete Äußerung des Genies enthält bei näherem Zusehen nichts als konventionelle Ergriffenheitstopik.

Es sei zuletzt auf ein besonderes Merkmal der Eschstruthschen Sammlung eingegangen, nämlich die Anonymität einer beträchtlichen Anzahl der aufgenommenen Stücke. Ein unbekannter „E. L." oder „Z."; ein in Parenthesen gefaßter „– sch –" oder „– u –"; oder ein pseudonymer „Veridicus" melden sich mit *Abendgedanken* und *Jünglingsseufzern*, einer *Aufmunterung* oder einem Gruß *An das erste Veilchen* zu Wort.

Vieles davon wirkt angelernt und abgebraucht, was nicht sonderlich überrascht. Denn die Einsendungen kommen ja aus der präsumtiven Leserschaft, sind Früchte literarischer Liebhaberei, – kurz, es äußern sich Dilettanten der Poesie.

Die aus dem Italienischen entlehnte Bezeichnung kommt nach 1750 über die musikalische Praxis in Gebrauch und korrespondiert zur wachsenden Verbürgerlichung des Musiklebens in der zweiten Hälfte des 18. Jahrhunderts. Ihr Merkmal ist die Verlagerung des öffentlichen Konzertierens von den Höfen und Kirchen zu den nichtberuflich Musizierenden, den bürgerlichen Amateuren und Dilettantenvereinen, die den Berufsmusikern zunehmend das Fortkommen erschweren (Balet, S. 391–394 u. pass.). Um 1780 ist das musikalische Dilettantentum eine gesamteuropäische Erscheinung.

Diese Entwicklung mag erklären, daß die Musenalmanache die Kompositionen aktiver Musikliebhaber ganz selbstverständlich aufnehmen. Für die *Heßische Poetische Blumenlese* hat der schon erwähnte Marburger Tierarzt und Hebammenlehrer Joh. David Busch sein eigenes *Herbstlied* empfindsam „klagend" vertont. Ein Tonsatz von Johann Gottlieb Vierling gilt dem stimmungsvollen Thema *Amaranth am Klavier*. Zwei weitere Notenstiche eines Anonymus „B" und des Herausgebers ergänzen die Beigaben und steigern den geselligen Gebrauchswert der Sammlung.

Doch wird der musikalische Dilettantismus schon in der Zeit längst ambivalent beurteilt, als kunstförderlich zwar akzeptiert, aber (bei Ph. E. Bach und W. A. Mozart) unter den Vorbehalt gestellt, daß Dilettanten als Ausübende ihren Kompositionen nicht gewachsen seien oder als konkurrierende Produzenten nichts taugten. Ähnlich fällt das Urteil Wielands über die Beiträge zu den Musenalmanachen aus, das die „zur Alkäischen, Chorjambischen und Dithyrambischen Raserey hingerißnen Liebhaber[n]" (Mix, S. 34) zwar zu dulden, aber dafür mit mildem Schweigen zu übergehen empfiehlt. „Die Dilettanten" – hatte die *Allgemeine Deutsche Bibliothek* schon 1769 erklärt – „sollten wirklich nicht alles, was sie aushecken, gleich in Kupfer stechen oder drucken lassen" (Vaget, S. 135).

H. A. F. v. Eschstruth, *Heßische Poetische Blumenlese* (1783). Notenstich.

In solchen positiven, pejorativen oder neutralen Einschätzungen des Dilettanten als „Liebhaber, Kunstliebhaber oder auch bloßen Liebhabers einer besonderen Kunst ohne gründliche Kenntnisse" – wie noch Campes Wörterbuch 1813 definiert – werden, bedingt durch den sozialgeschichtlichen Hintergrund, und lange vor Goethes und Schillers Dilettantismusschema, Abgrenzungen sichtbar, die eine kritische Auswertung der Musenalmanache unter dem Aspekt ihrer regionalen Dimension nicht übergehen sollte.

Denn das Interesse des Dilettanten gilt weniger seiner Kunst oder der Poesie als vielmehr der Bewältigung seiner bürgerlichen Lebenspraxis. Die bei der Kunstübung anderer wahrgenommene Befreiung von aufgezwungenen Lebensverhältnissen will er nur wiederholen. Deshalb verlegt er das Zentrum seiner Hervorbringungen nach außen, in einen werkexternen Effekt, wie Karl Philipp Moritz im *Anton Reiser* (1786–1790) ausführt. Folgt man seiner Einsicht, so wäre der von ihm so benannte ‚unreine Bildungstrieb', das Interesse und Engagement des dilettantischen Poeten, nur aus dessen realer, und das heißt, auf besondere Weise auch räumlicher Begrenztheit zu verstehen. Denn Liebhaberdichtung ist auf die Wirkung und den Gebrauch in der Umgebung eines beschränkten Freundes- und Bekanntenkreises berechnet, sie ist milieugebunden und setzt einen als Evidenz erfahrenen, in der Lebenspraxis bewährten Weltzusammenhang voraus. Auch davon spricht die *Heßische Poetische Blumenlese* –

„Wer's da nachlesen will der mag's thun" (Eschstruth, Vorrede).

Literaturhinweise

Eschstruth, Hans Adolf Friedrich von (Hg.) 1789: *Heßische Poetische Blumenlese mit Musik*. Erster Jahrgang. Marburg.

Balet, Leo / Gerhard, Eduard 1973: *Die Verbürgerlichung der deutschen Kunst, Literatur und Musik im 18. Jahrhundert*. Hg. von G. Mattenklott. Frankfurt/M. usw.

Mecklenburg, Norbert 1985: „*Literaturräume. Thesen zur regionalen Dimension deutscher Literaturgeschichte.*" In: Wierlacher, A. (Hg.): *Das Fremde und das Eigene. Prolegomena zu einer interkulturellen Germanistik*. München, S. 197–211.

Mix, York-Gothart 1987: *Die deutschen Musen-Almanache des 18. Jahrhunderts*. München.

Strieder, Friedrich Wilhelm 1781ff: *Grundlage zu einer hessischen Gelehrten- und Schriftsteller-Geschichte. Seit der Reformation bis auf gegenwärtige Zeiten*. Göttingen usw.

Vaget, Hans Rudolf 1971: *Dilettantismus und Meisterschaft. Zum Problem des Dilettantismus bei Goethe: Praxis, Theorie, Zeitkritik*. München.

Corinna J. Heipcke

„Es ist doch ein eignes Ding um weibliche Autorschaft": Philippine Gatterer-Engelhard zwischen Rokoko, Empfindsamkeit und Sturm und Drang

Als 1778 die Sammlung *Gedichte von Philippine Gatterer* erschien, präsentierte sich ihre Autorin selbstbewußt dem Publikum:
[...] so klein ich bin, werd' ich doch selten sinken
Zum nachgeahmten Lied herab;
Nie singen, wenn mir nicht die Musen selber winken –
Gestohlne Federn rupft man ab.[1]
Doch trotz der „gute[n] Aufnahme" (*ADB* 1783, S. 157), die das Publikum dem Werk bereitete, der sehenswerten Kupferstiche Chodowieckis und der vier Kompositionen Dreßlers, mit denen die Sammlung verschönt ist, wurde sie nie wieder aufgelegt.

Ebenso erging es dem bei Dieterich in Göttingen verlegten zweiten Werk: *Gedichte von Philippine Engelhard, geb. Gatterer. Zwote Sammlung* 1782. Beigefügt ist eine lange Subskribentenliste, die eine ganze Reihe adliger Häuser verzeichnet – allen voran das Friedrichs II., des Landgrafen von Hessen – und damit auf das zeitgenössische Interesse an dem Werk verweist. Dennoch wurde auch diese zweite Sammlung nie neu aufgelegt. Nur ein Raubdruck der beiden Sammlungen, in dem die Bände in einen zusammen gebunden sind, wurde in Wien und Prag veröffentlicht.[2] Auch ihr *Neujahrsgeschenk für liebe Kinder* von 1787, die dritte Sammlung *Neue Gedichte*, die 1821 erschien und *Bérangers Lieder. Nach dem Französischen treu übersetzt*, erschienen 1830, wurden kein zweites Mal aufgelegt.

Angesichts dieses Befundes verdient das Interesse, das Philippine Gatterer-Engelhards Werke zu ihren Lebzeiten wachriefen, neu untersucht zu wer-

---
1 Gatterer 1778. Darin: *Mein poetischer Lebenslauf*, S. 4. Philippine Gatterer heiratete den Kasseler Kriegssekretär Engelhard, daher die Namen Gatterer und Engelhard. Ich habe hier den Doppelnamen Gatterer-Engelhard verwendet, weil die Autorin unter beiden Namen publizierte.
2 Wien und Prag: Franz Haas, o. J. Vgl. Anonym 1878, S. 141. Diese Angabe läßt sich durch das *Gesamtverzeichnis des deutschen Schrifttums* allerdings nicht verifizieren.

den. Die Frage, warum ihre Werke später nicht mehr aufgelegt wurden, weist darüber hinaus auf Probleme der Geschmacksgeschichte, denn ihr Schwanken zwischen verschiedenen literarischen Moden erklärt nicht ausreichend die geringe Beachtung, die sie auch seitens der Literaturkritik gefunden hat.

Entstehung und Wirkung der Gedichte Philippine Gatterer-Engelhards

Die Autorin kam als drittes Kind des Nürnberger Historikers Johann Christoph Gatterer und seiner Ehefrau Helene Barbara, geb. Schubart, am 21. Oktober 1756 zur Welt. Im Jahr 1759 wurde ihr Vater an die Göttinger Georgia Augusta berufen. In der Göttinger Professorengeselligkeit fand die Heranwachsende ein günstiges geistiges Klima. Da gute Kaffeehäuser und andere öffentliche Orte der Begegnung fehlten, zogen die Professoren „sich mit ihren Familien auf private Tanzveranstaltungen, Bälle, Sonntagsvisiten, Spaziergänge oder aufs Land zurück", so daß sie „bis auf Kontakte zu wenigen ausgewählten Studenten, Honoratioren und Beamten, weitgehend unter sich" blieben (Wedemeyer, S. 112). Eine derartige Verbindung zwischen Privat- und Berufsleben hatte allerdings den Vorteil, daß viele interessante Persönlichkeiten die Professoren zu Hause besuchten und so alle Mitglieder der Professorenfamilien in den Genuß ihrer Bekanntschaft kamen – auch Ehefrauen und Töchter, denen der Zugang zu öffentlichen Orten wie der Universität weitgehend verwehrt geblieben war.

So hatte Philippine Gatterer-Engelhardt zwischen 1769 und 1773[3] im Hause ihres Vaters Heinrich Christian Boie kennengelernt. Boie, der als Hofmeister in Göttingen lebte, war eine wichtige Vermittlerfigur im literarischen Betrieb. Im Herbst 1769 gab er gemeinsam mit Friedrich Wilhelm Gotter den *Musenalmanach für das Jahr 1770* heraus. Auf die Bedeutung dieses Unternehmens verweist Kelletat:

---

[3] Stummann-Bowert, S. 37. Stumman-Bowert beruft sich auf Weinhold, S. 19. Weinhold berichtet, Boie sei um Ostern 1769 nach Göttingen gekommen und Philippine Gatterer-Engelhard habe 1773 ein Trostgedicht auf den Tod seiner Schwester Margarete verfaßt. Boie und die Autorin müssen sich in den Jahren zwischen diesen beiden Zeitpunkten kennengelernt haben. Das gemeinte Gedicht trägt den Titel *An B. bey dem Verlust seiner Schwester* und findet sich in der ersten Gedichtsammlung 1778, S. 19ff.

"Das war eine konstitutive Tat. Die Herausgeber folgten dem Beispiel eines 1765 in Paris erschienenen *Almanach des Muses ou Choix de Poésies fugitives* und schufen damit eine Publikationsart, die fast hundert Jahre lang blühte und für die Dichtung der Klassik und Romantik noch sehr wichtig war: die regelmäßig gegen Jahresende im Sedezformat erscheinende, von einem Kalendarium eröffnete und mit Kupfern, Vignetten und Notenbeilagen gezierte Blütenlese der jüngsten Produktion" (Kelletat, S. 402f.).

Boies *Musenalmanach*, der nun jährlich erschien, wurde zu einem literarischen Forum, das sich unter den Göttinger Studenten einer wachsenden Anhängerschar erfreute. Ein Teil der Gruppe schloß sich 1772 bekanntlich zum ‚Göttinger Hain' zusammen. Für Philippine Gatterer-Engelhard bedeutete die Bekanntschaft mit Boie einen Zugang zum aktuellen literarischen Geschehen. Als Boie „einst hinters Geheimnis kam" (Strieder, S. 367), daß sie selbst Gedichte verfaßte, schrieb er einige ab und sandte sie Johann Heinrich Voß, dem er 1775 die Herausgabe des Musenalmanaches übetragen hatte. Zwei der Gedichte Philippine Gatterer-Engelhards wählte Voß aus und veröffentlichte sie in der Ausgabe seines Musenalmanaches für 1776, allerdings nicht unter dem Namen der Verfasserin, sondern unter dem Pseudonym „Rosalia". Glaubt man der Autorin, so hatte sie nichts von Boies Absicht, ihre Arbeiten zur Veröffentlichung an Voß zu schicken, gewußt und „stand [...] halb lachend, halb weinend [...] da" (ebd.). Sie berichtet, ihr Versuch, das Pseudonym zu wahren, sei gescheitert:

ich dachte lang in der Verkleidung zu gehn.
Doch Fama, (die in jeder Stadt
gar wunderfeine Ohren hat,)
gieng [!] bald drauf herum von Haus zu Haus,
und rief der Verfasserin Nahmen aus.
Jezt, dacht' ich, must [!] du's wohl offenbaren,
sonst möchten dir andre die Müh' ersparen (ebd., S. 367).

Philippine Gatterer-Engelhards Gedichte fanden so viel Anklang, daß drei weitere unter dem neuen Pseudonym „Juliane S." in den Almanach für 1777 aufgenommen wurden, den zunächst Göckingk herausgab, bis Gottfried August Bürger ihn 1778 übernahm und bis zu seinem Tod 1794 betreute (Kelletat, S. 394, Weinhold, S. 254).

Auch Bürger gehörte zu den Freunden Philippine Gatterer-Engelhards. Die Bekanntschaft hatte Boie vermittelt und so dafür gesorgt, daß Gatterer-Engelhards Kontakt zur literarischen Welt um den Musenalmanach nicht abbrach, als er selbst Göttingen im Jahr 1776 verließ. Zwischen Gatterer-Engelhard und Bürger, der als Amtmann im nahegelegenen Gelliehausen wohnte, entspann sich ein reger Briefwechsel. Er umfaßt den Zeitraum vom September 1777 bis zum August 1781[4] und gibt Aufschluß über das Selbstverständnis der jungen Autorin, wenn sie gestand:

„Ich muß lachen wenn ich bedenke daß ich so halb unter die lieblichen Sänger gehöre. Lang hielt ichs so geheim daß meine eigenen Verwandten nichts davon wußten – ich hielt mirs fast zur Schande; aber seit dem mir Boie die paar Lieder in den Voßischen Almanach gegeben hat – Ja da ists vorbey! Wenn erst lebendige Zeugen vorhanden sind – Jetzt habe ich ordentlicher Weise Schaam und Schande verlohren" (Ebstein, S. 33f.).

In dieser Stimmung schrieb sie Bürger von dem Plan, einen Sammelband ihrer Gedichte zu veröffentlichen (Brief vom 28. September 1777). Als Boie davon hörte, forderte er Bürger auf, ihr abzuraten, er wolle es auch tun. Boie war, obwohl weder er noch Bürger alle ihrer Gedichte kannten, der Ansicht, die Qualität ihrer Arbeiten rechtfertige keine Sammlung (ebd., S. 19). Dem Vorurteil, daß Frauen zu künstlerischer Arbeit nicht fähig seien, begegnete Gatterer-Engelhard wohl nicht zum ersten mal:

„Die meisten wissens daß ich (was die Dichtkunst betrifft) wie ein wilder Baum aufgewachsen bin; und doch hör ich hier und da: das [!] bald ein Professor, bald gar Studenten mir helfen sollen. Ja ich wollte sie lehren! Sie selbst haben mir gestanden, daß sie gehört hätten: Meine Anbeter machten mir meine Verse. – Deren habe ich nun Gottlob! sehr wenige [...] Sagen Sie mir, lieber Bürger, was es heißt; daß ich über das Geschwätz mich nicht hinaus setzen kann: ich kann es sonst über manches" (ebd., S. 35f).

Bürger, der sonst „einen lebhaften Trieb" verspürte, „Philippinens Genie" zu „bekunstrichtern" (ebd., S. 40), riet ihr weder explizit von einer Veröffentlichung ab, noch ging er auf ihre Pläne ein. Auch war er nicht sehr zuverläs-

---

[4] Es folgen noch vereinzelte Briefe aus den Jahren 1784 und 1794. Vgl. Ebstein, S. 19.

sig. Obwohl er Boie geschrieben hatte „Sie hat großes poetisches Talent, aber an Beurtheilungskraft fehlts ihr und sie bedarf den Hobel noch gar sehr. Ich kuranze sie gar gewaltig" (ebd., S. 19), man also annehmen könnte, er sei an der Entfaltung ihres dichterischen Talentes interessiert gewesen, behandelte er ihre Gedichte nicht sehr pfleglich. Die Gedichte, die sie ihm schickte, behielt er mitunter monatelang, ohne sie zu kommentieren, um sie dann zurückzusenden, als habe er sie nie gelesen. Das war besonders problematisch, weil die Autorin „niehmals Zeit" hatte, ihre Gedichte abzuschreiben, so daß sie immer die Originale versandte und selbst keine Abschrift mehr besaß (ebd., S. 46). Die Intensität, mit der sie die Manuskripte zurückerbat, läßt dies nicht als bloße Pose der Geniezeit erscheinen.

Das Projekt eines eigenen Gedichtbandes gab Philippine Gatterer-Engelhard trotz des Desinteresses der Göttinger Redaktoren nicht auf und entwuchs der Abhängigkeit von den Herausgebern der Almanache, die bisher entschieden hatten, welche ihrer Arbeiten veröffentlicht wurden. Sehr viel später erwähnte sie gegenüber Therese Huber „Bojens Treiben und Dietrichs Anerbietung"[5] als Faktoren, die sie berühmt gemacht hatten. Gemeint sind Boies Publikation ihrer Gedichte in seinen Almanachen und Dietrichs Vorschlag, eine eigene Gedichtsammlung zu publizieren.

Im Sommer 1778 erschien ihre erste Sammlung *Gedichte*. Bürger gegenüber erwähnte sie die Veröffentlichung erst wieder kurz vor dem Erscheinen. Sie berichtete ihm von den gemischten Gefühlen, mit denen sie der Reaktion des Publikums entgegensah:

„Wie werden die Herren Fipp und Fapp und Firlefanz mit mir armen Mädchen herumspringen! Aber was thuts! Wenn dieser glaubt, der Lorbeerkranz stehe meiner hohen Frisur nicht so gut als seiner Perücke; und jener mich grob herab zu stürzen sucht von der kleinen Höhe die mir im Reifrock und spitzen Absätzen doch sauer genug zu ersteigen war; oder wenn ein dritter mir heimtückisch auf die Schleppe tritt weil er sich fürchtet vor mich dreist hinzutreten und mich zu beleidigen: O so giebts auch gewiß einige gute Seelen, die mir den Arm bieten, um zum Helikon zu klimmen" (Ebstein, S. 64f.).

---

5 Zitiert nach Nathusius 1888ff., 45, S. 733.

Doch die Bedenken wurden bald zerstreut, denn das Werk fand eine durchaus positive Aufnahme. Nicht nur in ihrer Heimatstadt Göttingen lobte man den Band,[6] auch die *Allgemeine Deutsche Bibliothek* hob die „angenehme, beredte Lebhaftigkeit, ungezwungene Offenherzigkeit und gutherzige Schalkhaftigkeit" der Gedichte hervor, die „mit vielem Witze und sanfter Empfindung verbunden" seien. Der Rezensent kritisiert aber an der Autorin auch „die Flüchtigkeit ihrer Feder", die zu „prosaischen Stellen" und „harte[n] Constructionen" führe (*ADB* 1779, S. 476).

Philippine Gatterer-Engelhard war nun weithin bekannt, und wenn Besuch kam, interessierte er sich mitunter stärker für sie, als für den gastgebenden Vater. Der Weltreisende Georg Forster berichtete seinem Vater über einen Besuch bei Professor Gatterer:

„Seiner Tochter Philippine Gedichte werden Sie durch die Göttinger Anzeigen schon kennen. Sie sind sehr schön und das Mädchen ist so lebendig, so witzig, so freimütig, daß mein erster Besuch schon über drei Stunden dauerte und ich die ganze Zeit fast allein mit ihr sprach, während Lichtenberg die übrige Familie [...] unterhielt" (Ebstein, S. 21).

In den nächsten Jahren schrieb Philippine Gatterer-Engelhard weiter Gedichte und bat Freunde um deren Urteil. Im Briefwechsel mit Bürger besprach sie ihre für den Göttinger *Musenalmanach* vorgesehenen Texte. Allerdings verweigerte Bürger die Aufnahme. Die *Porzellanlotterie* etwa schlug er aus, weil er in diesem Gedicht genannt wurde und nicht in den Verdacht geraten mochte, er beweihräuchere sich durch die Veröffentlichung selbst. Doch auch eine Veröffentlichung machte Philippine Gatterer-Engelhard nicht immer glücklich, wie im Fall der im Göttinger *Musenalmanach* für 1779 stehenden zwei Gedichte, von denen Bürger eines ohne ihr Einverständnis überarbeitet hatte.[7]

Mitunter aber schmeichelte man ihr beim Göttinger *Musenalmanach* auch. Den Band für 1781 sollte zum Beispiel ein Portrait Philippine Gatterer-

---

[6] Vgl. die Rezension in *GA* 1778,. S. 1129.

[7] Bürger hatte *Die strafende Stimme* redigiert. Bei dem zweiten Text unter dem Namen Gatterer im Musenalmanach für 1779 handelt es sich um das Gedicht *An das Klavier*. Stummann-Bowert betrachtet Bürgers Praxis und seine Aufforderung an Boie, Gatterer-Engelhards Gedichte nicht unter ihrem Namen zu veröffentlichen, als „Kontrolle und Erhaltung von Abhängigkeit" (S. 114).

Engelhards zieren. Eine solche Ehre wurde nur wenigen Autoren und noch weniger Autorinnen zuteil, denn dem Musenalmanach wurde nicht immer ein Portrait vorangestellt und wenn, handelte es sich nicht immer um das Bild literarisch Schaffender.

Gatterer-Engelhard fuhr 1780[8] nach Kassel, um sich von J. H. Tischbein d. Ä. malen zu lassen. Das Gemälde sollte als Vorlage für den Kupferstich im Almanach dienen. Bei Tischbein verkehrte die Kasseler Gesellschaft und hier lernte Philippine Gatterer den Kriegssekretär Johann Philipp Nicolaus Engelhard kennen. Ihr Verhältnis zu Engelhard entwickelte sich schnell. Am 5. August 1780 kam Philippine Gatterer-Engelhards Porträt in Göttingen an,[9] sie mußte also nicht mehr nach Kassel fahren. Aber am 27. September schrieb sie an Bürger: „Eine wundersame Neuigkeit! Ich bin Braut!!! [...] hören sie nur daß der Mann Kriegssecretair in Kassel ist, Engelhard heißt [...] und ich ihn liebe [...] Am [...] 24. September ward sie vergeben, die Hand Ihrer Freundinn" (Ebstein, S. 110).

Da die Einnahmen ihres Bräutigams gering waren, gedachte Philippine Gatterer-Engelhard, zum Familieneinkommen beizusteuern und bat Bürger noch im gleichen Brief:

„ich möchte gern auf den Sommer Gedichte auf Subscription heraus geben. Es wäre Unrecht wenn ichs nicht thäte da ich viel Geld brauche und keines habe [...] Da ließ ich mir nun heut früh aus Spaß ein Av[ertissement] von meinem Bruder aufsetzen. Wollt's abschreiben und das Liedchen hinzufügen das mir heut früh schnell einfiel. Alles beydes wollt' ich verbessern und Ihnen dann schicken daß Sie mir Rath dazu geben wie ichs am besten einrichte und daß Sie mirs feilten. [...] Antwort muß ich noch in den nächsten Tagen haben [...] vor allen wegen Einem dem ich das Av. auf die Leipz. Messe schicken soll, die schon angegangen ist" (ebd.)

---

[8] Nicht wie bei Elsbeth von Nathusius angegeben im Jahr 1781, denn damals war die Autorin schon verheiratet und lebte in Kassel. Astrid Otto erwähnt eine weitere Angabe, die den Aufenthalt in Kassel in das Jahr 1779 verlegt, was ich für unwahrscheinlich halte, da man die Ausgabe des Musenalmanaches für 1781 schon 1779 hätte konzipieren müssen, um die Autorin 1779 nach Kassel zu schicken. Bürgers Briefwechsel aber deutet darauf hin, daß eine Ausgabe meist im Frühjahr oder Sommer des Vorjahres geplant wurde. Vgl. Nathusius 1919, S. 5; Otto, S. 70.

[9] So vermerkt es das in der zweiten Sammlung enthaltene Dankgedicht an Tischbein im Titel (Engelhard 1782, S. 197).

Doch waren wohl weniger bevorstehende Geldsorgen als der Schreibdrang und Freude am Ruf als Dichterin der Grund dafür, daß Philippine Gatterer-Engelhard die Veröffentlichung einer zweiten Gedichtsammlung plante. Bürger riet ihr, Bogenzahl und Subskriptionspreis im Avertissement festzulegen und die Käufer auch in Bezug auf die Kupferstiche, die den Band zieren würden, zu informieren (ebd., S. 113).

Nachdem ein Avertissement gedruckt worden war, heiratete Philippine Gatterer am 23. November 1780 Philipp Engelhard[10] und zog mit ihm nach Kassel.

Abermals bat sie Bürger in der Sache um Rat:

„Ueber einen Scherz in meines Bruders Stube wer von uns dreyen das beste Avertissement aufsezen könnte, entstund dieses. Christoph trugs ohne mein Wissen in die Druckerey und schon da behielt man einige – wie ich glauben muß. Nun fällt mir ein, daß ich mir, albern genug, die Sache aufgeladen habe. Wie soll ichs machen?" (Ebstein, S. 126)

Bürger antwortete reserviert:

„Ich weiß zwar eigentlich nicht, wie Sie es mit Ihrer Subscription im Sinne haben mögen, indessen, soviel ich aus dem Avertissement argwohne, so hat meine gute Philippine eigentlich – noch gar nichts im Sinne, sondern wartet, nachdem das Avertissement schon vor einem halben Jahr gedruckt ist, nun erst drauf, daß ich ihr was erspriesliches in den Sinn legen soll" (ebd., S. 129).

Dennoch riet er ihr, Dieterich für „Druck, Papier, Kupfer, Verschickung und alles, was dem ähnlich ist" sorgen und sich von ihm Freiexemplare geben zu lassen, die sie an ihre Subskribenten verkaufen könne (ebd., S. 128).

Tage zuvor hatte er Dieterich von dem Vorhaben unterrichtet und vorgeschlagen: „Ich solte doch denken, wenn Ihr Eüch ohngefähr auf die Form, wie mit mir, mit ihr einließet, daß es nicht mißlingen könte, da ihre Muse ziemlich viel Verehrer hat [...]" (Strodtmann, S. 32).

Im Frühjahr 1782 war die zweite Sammlung fertig und Philippine Gatterer-Engelhard ließ es sich nicht nehmen, sie ihrem berühmtesten Subskribenten, dem Landgrafen von Hessen-Kassel, zu dedizieren und persönlich zu übersenden. Auch ihre erste Gedichtsammlung legte sie mit dem Wunsch

---

10 Die Trauung fand in Rosdorf bei Göttingen statt (Stummann-Bowert, S. 32).

bei: „Möchten diese Lieder das Glück haben, zuweilen in stillen Augenblicken [...] eine kleine Unterhaltung zu sein."[11]

Die Liste der Subskribenten verzeichnete zwanzig Personen aus regierenden Häusern und ungefähr 350 andere Namen, so daß man annehmen kann, daß das Unternehmen finanziell erfolgreich war.

Die Rezensenten dagegen waren geteilter Meinung. Der Kritiker der *Allgemeinen Deutschen Bibliothek* bekundete Mißfallen:

„Die gute Aufnahme der ersten Sammlung, die die V. noch als Dem. Gatterer 1778 herausgab, haben sie vermuthlich veranlaßt, eine zwote herauszugeben. Ein Frauenzimmer ist überhaupt, und auch als Dichterin, übel dran, daß sie so überaus selten über den Werth ihrer Arbeiten die reine Wahrheit erfährt. Wenn es nicht Schmeicheley, Freundschaft, oder übelverstandner Wohlstand verhindern, so thut es Vermengung des Totaleindrucks ihrer Person, mit dem Eindruck ihrer Gedichte. Auch ein Recensent [...] muß doch auch zu leben wissen, und also wollen wir diese Sammlung nicht weiter untersuchen.

[...] Das vorgesezte Dedicationsgedicht an ihren Landesherrn, den Landgrafen von Hessencassel, gehört zu den besten in der ganzen Sammlung. Ingleichen gefällt uns S. 27 das Gedicht an Dora sehr wohl." (*ADB* 1783, S. 157f.)

Wohlwollender äußerten sich die *Göttingischen Anzeigen von gelehrten Sachen*: „Die meisten dieser Gedichte empfehlen sich, wie die in der ersten Sammlung, durch sanfte, oft auch traurige, moralisch gute Empfindungen, einnehmend ausgedruckt" (*GA* 1782, S. 761).

In den Jahren zwischen dieser und der nächsten Veröffentlichung einer Gedichtsammlung erschienen regelmäßig ein Gedichte in verschiedenen Musenalmanachen, poetischen Blumenlesen und Sophie La Roches *Pomona für Teutschlands Töchter*. Darüber hinaus betätigte sich Philippine Gatterer-Engelhard als Schauspielerin im bürgerlichen Liebhabertheater in Kassel, wo deutschsprachige Stücke zur Aufführung kamen, verkehrte aber auch mit Damen des Residenzadels.[12]

---

11 Ein unveröffentlicher Brief an Friedrich II., Landgraf von Hessen, vom 24. März 1782 in der Handschriftenabteilung der Murhardtschen Bibliothek Kassel.

12 Elsbeth von Nathusius (1919, S. 33) berichtet, eine enge Freundin Gatterer-Engelhards sei Fräulein von Reischach, die Oberhofmeisterin der Landgräfin, gewesen.

Durch ihren Umzug nach Kassel verlor Gatterer-Engelhard jedoch die für ihr literarisches Schaffen wichtigsten Kontakte. Der einst rege Briefwechsel mit Bürger brach im Sommer 1781 ab. Nachdem Gatterer-Engelhard ihm Ende August einen Brief mit der Bitte geschrieben hatte, sie „lieb zu behalten" (Ebstein, S. 132), meldete er sich erst drei Jahre später, um sie vom Tod seiner Gattin zu unterrichten (a. a. O., S. 132f.) und dann zehn Jahre nichts von sich hören zu lassen. Auch die Verbindung zu ihrem bisherigen Verleger Dieterich lockerte sich. Er veröffentlichte nur noch einzelne Arbeiten in seinen Musenalmanachen, aber keine ihrer später entstandenen Sammlungen.

Neben den vereinzelten Gedichten und der gelegentlichen Schauspielerei arbeitete Philippine Gatterer-Engelhard aber auch an einem größeren Projekt. Wohl angeregt durch die eigene Lebenssituation als Mutter, verfaßte sie 37 erziehliche Gedichte, die unter dem Titel *Neujahrsgeschenk für liebe Kinder* bei Barmeier in Kassel erschienen. Die Rezension in der *Allgemeinen Deutschen Bibliothek* fiel lauwarm aus:

„Die Verf. hatte die rühmliche Absicht dem kleinen Alter manche nöthige Belehrungen, Warnungen, Vorsichtigkeitsregeln und überhaupt gute Gesinnungen auf eine angenehme Art beyzubringen. Diese Absicht hat sie ohnstreitig in gegenwärtigen Gedichten, welche aus Liedern und Erzählungen bestehn, größtentheils erreicht. Sachen und Schreibart sind diesem Alter angemessen. Indessen würde doch die strengere manches noch dabey zu sagen haben. Bald würde sie manches Gedichtchen zu leer, bald manche Moral nicht natürlich und treffend genug, bald manchen Gedanken matt oder fremd oder nachgeschleppt oder nicht bestimmt genug finden, bald mehr Korrektheit, Eleganz oder Harmonie wünschen, welche letztere man in Gedichten dieser Art desto mehr verlangt, je weniger übrige Poesie darin herrschen kann. Doch Damen auf dem Parnaß dürfen so wie Damen in der Welt Galanterie verlangen und erwarten" (*ADB* 1788, S. 556).

Über die Veröffentlichungsgeschichte ist nichts bekannt. Tatsächlich scheint das Werk bald derart in Vergessenheit geraten zu sein, daß erst Stummann-Bowert es erwähnt, während die sonst sehr gründlichen Arbeiten von Martin und Elsbeth von Nathusius[13] kein Wort über das *Neujahrsgeschenk* verlieren.

---

[13] Nathusius 1888ff.; E. v. Nathusius (1919) scheint allerdings einen Großteil ihrer Informatio-

In den Folgejahren erschienen einzelne Gedichte Gatterer-Engelhards im Göttinger *Musenalmanach* und anderen Zeitschriften, allerdings fehlen bis 1821 genaue bibliographische Angaben.[14]

Im letztgenannten Jahr erschien als erster Titel im neugegründeten Verlag ihres Neffen Eichhorn in Nürnberg (E. v. Nathusius, S. 74) ein dritter Band Gedichte und wurde positiv aufgenommen. Gelobt wurden Eigenschaften der Texte, die aus heutiger Sicht eher Anlaß zu Befremden gäben. So betonten die Rezensenten – nicht ohne eine „gewisse pietätvolle Rücksicht auf die alte Dame" – die „echte Weiblichkeit" ihrer Lieder, „die dem leidigen Genialitätsdrange der heutigen Sängerinnen als Muster vorgehalten werden könnte"[15] und ein „Gefühl des häuslichen Glücks",[16] das die Gedichte vermittelten (Nathusius 1888ff., 47, S. 241).

Die von Otto für das Jahr 1823 nachgewiesenen Gedichte in der Zeitschrift *Charis*[17] waren die letzten, die Gatterer-Engelhard publizierte. Die Anregung ihrer Göttinger Jugendfreundin Therese Huber von 1826 –

„Sehr anziehend könnte es sein, wenn sie bei ihrem feinen Talent die Gefühle des Familienlebens zu schildern – wie Ihre Poesien beweisen, einen rein bürgerlichen Roman aus den Zeiten IHRES Jugendlebens schrieben" (a. a. O., S. 245f.) –

nahm Philippine Gatterer-Engelhard nicht auf, sondern wandte sich einem anderen Arbeitsfeld zu. Im letzten Jahr vor ihrem Tod (1830) erschienen in Kassel *Bérangers Lieder. Nach dem Französischen treu übersetzt*.

Auch diesmal versuchte die Autorin, ihre Werke einem größeren Kreis bekannt zu machen. Deshalb hatte sie den ihr fremden literarischen Berater des Nürnberger *Morgenblatts für gebildete Stände*, Gustav Schwab, um eine Rezension gebeten. Schwab ließ die nicht gezeichnete Besprechung in den *Blättern für literarische Unterhaltung* vom 15. Februar 1830 erscheinen:

---

nen von ihrem Vorfahren Martin von Nathusius übernommen zu haben, da bei ihr seine Formulierungen teilweise wörtlich wiederkehren.

[14] Otto unternimmt den Versuch, eine Gesamtbibliographie der Werke Gatterer-Engelhards zu erstellen. In dieser Bibliographie lassen sich allerdings nicht alle Angaben ohne weiteres nachprüfen und nicht alle Angaben sind vollständig, was allerdings nicht Otto anzulasten ist, sondern sich aus einer desolaten Quellenlage ergibt (Otto, S. 71ff.).

[15] *Literatur-Blatt*, 15. Januar 1822 (Nathusius 1888ff., 47, S. 241).

[16] *Journal für Literatur, Kunst, Luxus und Mode*, Juli 1821 (Nathusius 1888ff., 47, S. 242).

[17] *Charis*, 1823, Nr. 74, S. 85 (Otto, S. 72).

„Es ist eine misliche [!] Sache, den Béranger zu übersetzen, wenn derjenige, der ihn übertragen will, eine deutsche Natur hat, und sich deren bewußt ist. [...] Und grade in dieser Hinsicht erfreut uns das sonderbare Phänomen, das wir anzukündigen haben: eine Uebertragung Béranger'scher Lieder – durch eine deutsche Matrone. Hier, wenn irgendwo, ist die Triebfeder nicht in einem unwürdigen und undeutschen Kitzel der Phantasie, sondern im unbefangenen Gefühle der Schönheit zu suchen; hier, wenn irgendwo, ist Mäßigung und Sittsamkeit selbst auf schlüpfrigem Pfade zu erwarten" (a. a. O., S. 243f).

Das waren schönende Worte zur Angemessenheit der Übertragungen, die Philippine Gatterer-Engelhard als letztes veröffentlichte. Als 1831 die asiatische Cholera Deutschland heimsuchte, floh sie nach Magdeburg und Althaldensleben zu ihrer dort mit dem Fabrikanten Johann Gottlob Nathusius verheirateten Tochter Louise Wilhelmine und schließlich zu ihrer Tochter Caroline nach Blankenburg im Harz. Dort starb sie am 28. September 1831.

Die Dichtungen Philippine Gatterer-Engelhards im Kontext der literarischen Zeitmoden

Die beiden Gedichtsammlungen im Verlag Dieterich aus den Jahren 1778 und 1782, nach Druckbild und Inhalt recht ähnlich, erinnern äußerlich an den Göttinger *Musenalmanach*. Die vier Kupferstiche des ersten Bandes und zwei der vier im zweiten stammen von Daniel Chodowiecki. Doch während der *Musenalmanach* im Sedezformat erschien, sind die beiden Sammlungen in Großoktav gedruckt. Mit den *Neuen Gedichten* von 1821 folgte der Verleger Eichhorn dem Vorbild der Göttinger Ausgaben. Der Band enthält zwei Kupferstiche, von denen einer die Autorin in mittleren Jahren zeigt, doch fehlen die Liedkompositionen, die – wie dem *Musenalmanach* – den Texten als fest mitgebundenes, großformatigeres, ausfaltbares Blatt beigegeben waren, damit Leserinnen und Leser die Gedichte als Lieder singen und instrumental begleiten können. Der Komponist Dreßler weist zum Beispiel darauf hin, daß *Rosalia an den Mond* (Gatterer, S. 166ff.) „ernsthaft mit Ausdruck" vorgetragen werden soll.

Es fällt auf, daß die Texte Philippine Gatterer-Engelhards im zweiten Band geordneter aufeinander folgen, als im ersten, dessen bunte Kleinteiligkeit den Vorlieben des Rokoko entgegenkommt. Die zweite Sammlung *Gedichte* ist überdies chronologisch nach Entstehungsjahren geordnet wie übrigens auch die dritte, deren Daten noch genauer angegeben sind – das erste Gedicht stammt vom 9. Mai 1783, das letzte vom 23. Juli 1820.

Hier ergibt sich ein erster Zugang zur Einschätzung der Werke, denn die chronologische Ordnung wirkt nicht als ästhetische oder formale Kategorie der Lyrik, sondern als biographisches Prinzip. Das Leben Gatterer-Engelhards wird tatsächlich in vielen Gedichten thematisiert, in denen die Autorin als „genaue Chronistin von Orten, Begegnungen und Situationen" auftritt (Stummann-Bowert, S. 28). Oft künden schon die Titel Gelegenheitsdichtungen an, wie zum Beispiel *Der Abendspaziergang* (Gatterer, S. 51ff.) oder die *Uebersendung ihres Schattenrisses, an Herrn E.* (Engelhard 1782, S. 8f.). Auch die an Bürger versandten Texte werden in Versen kommentiert,[18] vor allem aber Besuche, Geburts- und Todestage von Verwandten und Freunden. Dabei geht es nicht nur um das literarische Formulieren. Vielmehr versteht Gatterer-Engelhard die geschilderten Begebenheiten als Anlässe zur Introspektion, zum Belauschen und Aufzeichnen eigenen Gefühls im Streben nach empfindsamen Selbstgenuß.

Auch in den Gedichten *An Deutschlands Mädchen* (Gatterer, S. 32ff.) und *An Dora* (Engelhard 1782, II, S. 27ff.) herrscht diese empfindsame Gesinnung Dort zeichnet die Autorin das Frauenideal nach, das Herder und andere, angeregt durch Rousseau, in Deutschland populär gemacht haben: die tugendhafte Gattin, Hausfrau und Mutter, deren Bildung ausschließlich auf diese Rollen zielt.[19] So empfiehlt die Autorin, die selbst Latein beherrscht, ihren Geschlechtsgenossinnen, auf alles gelehrte Wissen zu verzichten:

[...] die's empfindet, es beseele
Sie Geist, der sich zum Denken schikt;
Das liebe Mädchen, das erwähle

---

[18] Philippine Gatterer-Engelhard hatte Bürger am 1. Oktober 1777 zwei ihrer Gedichte geschickt und für diese Gedichte eine drittes als ‚Umschlag' geschrieben. Es ist in der ersten Sammlung unter dem Titel *Umschlag um zwey Gedichte. An Bürger* (S. 225f.) enthalten.

[19] Zur Konzeption der Frau bei Rousseau vgl. Erich-Haefeli. Zum Frauenbild der Empfindsamkeit in Deutschland vgl. z. B. Bovenschen; Duden; Hausen; Wegmann.

> Nur solches Wissen, das beglückt.
> Sich mit der Grundtext-Sprache quälen;
> Unübersezt Homern verstehn –
> Das ziemt sich nicht für Weiberseelen!
> Latein – steht eben auch nicht schön.
> Lernt – habt zu Sprachen Ihr Talente –
> Der Franz' und Britten Sprachenklang;
> Und die sanftschmelzende Accente,
>   In denen einst Petrarcha sang (Gatterer, S. 32).

Doch die Nähe zur Empfindsamkeit ist nur ein Aspekt. Einen anderer bildet die Affinität zum literarischen Rokoko mit seiner Vorliebe für kleine Formen wie das Epyllion, für Idyllen und Hirtendichtung, für sanfte Ironie und galante Dichtung.

Der wohl bedeutendste Text im ersten Band *Gedichte* ist das in vier Gesänge unterteilte Epyllion *Colibri und Wilibald*. Form und Titel erinnern an Wielands *Klelia und Sinibald*.[20] Während jedoch Wieland medias in res beginnt, besitzt Gatterer-Engelhards Epyllion eine Rahmenhandlung: Ein kleines Mädchen läßt sich von einer spinnenden Magd eine Geschichte erzählen. Die Erzählung der Magd von Colibri und Wilibald ist ein im Rokoko sehr beliebtes Feenmärchen.

Rokokogeschmack bestimmt auch das Gedicht *Die Quelle der Bekanntschaft*. Man erfährt, wie Karl und Klärchen, die mittlerweile als Ehepaar glücklich vereint leben, sich kennenlernten. Klärchen begoß beim Blumengießen aus Versehen den unter dem Fenster vorbeigehenden Karl. Die Mutter rief den nassen Herrn hinauf und nun mußte die Tochter seine Kleidung trockenreiben, was ihm sichtlich Freude bereitete:

> Und da der Hut vollendet,
> So kömmt das Kleid;
> So sehr er sich auch wendet,
> Voll Höflichkeit.
> Sanft reibt sie ihm den Rücken –

---

20 Dawson (S. 184) stellt *Colibri und Wilibald* allerdings in die Tradition der Verserzählungen, die Gellert und Hagedorn begründen. Mir scheint jedoch Gatterer-Engelhard selbst Wert auf die Assoziation mit Wieland gelegt zu haben, denn sonst hätte sie sicherlich nicht einen derart deutlich auf sein Epyllion anspielenden Titel gewählt.

Weibliche Autorschaft 107

Er sieht sich um –
Und ist beym ersten Blicken,
Ums Herz herum! (Engelhard 1782, S. 181)

P. Gatterer, *Gedichte* (1778). *Colibri und Wilibald.*

Auch *Die Falle* entwirft ein Frauenbild, wie es eher dem Rokoko als der Empfindsamkeit entspricht. Gretchen, mit Kunz verheiratet, poussiert in dessen Abwesenheit mit Konrad. Nach der Entdeckung dieser Entgleisung wird sie vom erzürnten Gatten mit einer Tracht Prügel bedacht, anschließend aber erklärt sie ihre Motive und der Gatte muß erkennen, daß er am Vergehen seiner Frau mitschuldig ist, weil er sie sträflich vernachlässigt hat. Das Paar versöhnt sich und lebt künftig glücklicher: frivole Moral.

Neben der schon verblassenden Rokokomode wirkt schließlich die Geniezeit mit ihrer Idee des über die Regeln der Kunst erhabenen, nur aus sich selbst und seinem Erleben schöpfenden Dichtergenies auf die Werke Philippine Gatterer-Engelhards. Als sie gebeten wird, ihren literarischen Werdegang für Strieders *Grundlage zu einer hessischen Gelehrten- und Schriftsteller-Geschichte* zu resümieren, beginnt sie zu dichten:

> Hr. Vater [...]
> [...] wollt' [...] mir gütig erklären,
> was Daktylus und Spondeen wären,
> und alles das. Doch ich muß bekennen,
> kaum weiß ich noch die Nahmen zu nennen.
> O, was so schwer ist, begreif' ich nie –:
> ich liebe nur Praxis, nicht Theorie (Strieder, S. 368).

Allerdings weiß die Autorin auch, daß ihr in der Praxis Grenzen gesetzt sind, die zu übertreten ihrem Erfolg abträglich wäre. Sie vergleicht Bürgers Gedichte mit ihren eigenen und schreibt ihm:

> „Sie nehmen sich sehr viel heraus; reden oft von Dingen, die man sonst in Gedichten nicht zu nennen wagte [...] und es gefällt den meisten. Das unterstehe ich mich schon nicht; erstlich bin ich zu ängstlich, und zweitens denk ich, man würde manches einem Mädchen übel nehmen, was bey einem Mann gut, oder wenigstens nicht schlimm geheißen würde" (Ebstein, S. 49).

Doch nicht immer gilt die freiwillige Selbstbeschränkung. Am interessantesten sind die Gedichte, in denen die Autorin ihr persönliches Empfinden schildert, ohne es nach den Regeln der Empfindsamkeit abzumildern. So berichtet sie im Gedicht *Nach der Trauung* von ihrer Heirat und den guten Vorsätzen, ihrem Gatten eine treue und liebevolle Gefährtin zu sein. Die letzte Strophe jedoch spricht von der Angst der Jungvermählten:

Nur das Geheimnis dieser Nacht! –
Die Augen gehn mir über! –
Das ist es was mich angstvoll macht –
Ach wär' sie doch vorüber!! (Engelhard 1782, S. 220)

Dergleichen ist nicht bei allen Zeitgenossen beliebt, wie ein Brief Dorothea Spangenbergs (geb. Wehrs, 1775–1808) an eine Freundin in Kassel schreibt:

„Ph[ilippines] neue Gedichte sind wieder ein Beweis, wie sehr sie die Pflichten der Schamhaftigkeit mit Füßen tritt [...] Bei einem *Die Trauung* betittelt freut ich mich, daß mein Name nicht unter den Subscribenten stand – u. das konnte ein Mädchen schreiben" (Dawson, S. 24).

Es ist nicht überliefert, in welchem Ausmaß Ermahnungen zur Damen anstehenden Sittsamkeit dafür verantwortlich waren, daß Engelhard in ihren späteren Arbeiten zunehmend darauf verzichtete, das eigene Erleben und Empfinden mit der Direktheit ihrer Jugendjahre zu schildern. Auffallend bleibt unter anderem das völlige Fehlen von Arbeiten zum Tode ihres Gatten. Es scheint fast, als habe sie dieses einschneidende Erlebnis nicht mit den Worten weiblicher Sittsamkeit und Entsagung verharmlosen wollen, ein beredtes Schweigen.

Die Dichtungen Philippine Gatterer-Engelhards fallen nach Stil und Thematik also deutlich auseinander. Die Panegyrika, die Gedichte zur Kindererziehung und zu Anlässen im Familien- und Freundeskreis spiegeln diese Entwicklung. Das Spiel mit lyrischen und epischen Formen, in dem es nicht auf reale Anlässe, sondern auf die kunstvolle Gestaltung fiktiver Inhalte ankommt und dessen Ergebnis so gelungene Arbeiten wie *Colibri und Wilibald* sind, verliert an Relevanz. Während sich im ersten Gedichtband von 1778 nur etwa die Hälfte der Texte auf reale Anlässe bezieht, sind im dritten Band nicht einmal dreißig der 126 *Neuen Gedichte* ‚frei erfunden'. Stilistisch erinnern sie an die der Empfindsamkeit verpflichteten Arbeiten des ersten Gedichtbandes. So verlor die Autorin in einer langen Phase verminderter dichterischer Aktivität zwischen der Veröffentlichung des *Neujahrsgeschenks für liebe Kinder* 1787 und dem Erscheinen der dritten Gedichtsammlung 1821 den Anschluß an das literarische Zeitgeschehen.

Sie war sich der abgebrochenen Entwicklung durchaus bewußt. In einem Brief vom 3. Mai 1827 schrieb sie an Therese Huber:

„Als ich in einer Stadt lebend, wo aus so vielen Gegenden Studierende zusammen kamen, und zu einer Zeit, wo die deutschen Dichterinnen selten waren, meine ersten Versuche Anno 1778 herauskamen, wegen Bojens Treiben und Dietrichs Anerbietung – ja da galt ich wohl was. Der edle L a v a t e r, [...] Der brave Z ö l l n e r, der witzige N i k o l a i, der hochberühmte J o h a n n e s   v o n   M ü l l e r – der süß dichtende S a l i s [...] o so mancher Berühmte und Beliebte der Zeit begrüßte mich. Aber sie ist lange vorbei diese Zeit. Kein Huhn und kein Hahn kräht nach mir, wie ein altes Sprichwort sagt. Bald schwieg ich lang – bald ward das stille lyrische Spiel nicht beachtet bei den wundersamen, oft verworrenen Liedern des neueren Geschmackes [...]" (Nathusius 1888ff., 45, S. 733).

Philippine Gatterer-Engelhards letzte große Arbeit, die Béranger-Übertragungen von 1830, kann man angesichts ihrer Selbsteinschätzung als einen Versuch auffassen, sich in der unter den Zeitgenossen beliebten Dichtart durch Nachdichtung zu üben und so in das aktuelle literarische Geschehen wieder einzutreten. Konnte sie dies zu Lebzeiten nicht mehr vollenden, so erschrieb sie sich doch einen bleibenden Ort in der Literaturgeschichte.

Literaturhinweise

a) Quellen

Gatterer, Philippine 1778: *Gedichte.* Göttingen.

Engelhard, Philippine 1782: *Gedichte. Zwote Sammlung.* Göttingen.

— 1787: *Neujahrsgeschenk für liebe Kinder.* Kassel.

— 1821: *Neue Gedichte.* Nürnberg.

— 1830: *Bérangers Lieder. Nach dem Französischen treu übersetzt.* Kassel.

— *Unveröffentlichter Brief an Friedrich II., Landgraf von Hessen, vom 24. März 1782* in der Handschriftenabteilung der Murhardtschen Bibliothek Kassel.

Sonstige

ADB 1779: *Allgemeine Deutsche Bibliothek* 1779, Bd. 37/2, S. 476–478.

ADB 1783: *Allgemeine Deutsche Bibliothek* 1783, Bd. 54/1, S. 157f.

ADB 1788: *Allgemeine Deutsche Bibliothek* 1788, Bd. 80/2, S. 556.

Anonym 1878: *Aus den Tagen eines erloschenen Regentenhauses in seiner ehemaligen Residenz. Hessische Nachrichten aus alter und neuer Zeit.* Hannover.

Charis: Rheinische Morgenzeitung für gebildete Stände 1823, Nr. 74.

GA 1778: *Göttingische Anzeigen von gelehrten Sachen* 1778. Hg. v. d. Königl. Gesellschaft der Wissenschaften.

GA 1782: *Göttingische Anzeigen von gelehrten Sachen* 1782.

Journal für Literatur, Kunst, Luxus und Mode. 1821. Zitiert nach M. v. Nathusius, S. 242.

Literatur-Blatt, 15. Januar 1822. Zitiert nach M. von Nathusius 1890, S. 241.

Strieder, Friedrich Wilhelm 1783: *Grundlage zu einer hessischen Gelehrten- und Schriftsteller-Geschichte.* Bd. 3. Göttingen.

Voß, Johann Heinrich 1829: *Briefe.* Hg. v. Abraham Voß. Bd.1. Halberstadt. (Reprint Hildesheim, New York. 1971).

b) Kritische Literatur

Bovenschen, Silvia 1979: *Die imaginierte Weiblichkeit. Exemplarische Untersuchungen zu kulturgeschichtlichen und literarischen Präsentationsformen des Weiblichen.* Frankfurt a. M.

Dawson, Ruth P. 1986: „Im Reifrock den Parnaß ersteigen. Die Rezeption von Dichterinnen im 18. Jahrhundert." In: Schöne, A. (Hg.) 1986: *Kontroversen, alte und neue. Akten des VII. internationalen Germanisten-Kongresses Göttingen 1985.* Bd. 6.: *Frauensprache – Frauenliteratur? / Für und Wider einer Psychoanalyse literarischer Werke.* Hg. v. I. Stephan und C. Pietzcker. Göttingen 1986, S. 24–29.

— 1986: „Selbstzähmung und weibliche Misogynie: Verserzählungen von Frauen im 18. Jahrhundert." In: Wallinger, S. / Jonas, M. (Hgg.) 1986: Der Widerspenstigen Zähmung. Studien zur bezwungenen Weiblichkeit in der Literatur vom Mittelalter bis zur Gegenwart. (Innsbrucker Beiträge zur Kulturwissenschaft. Germanistische Reihe, Bd. 31). Innsbruck, S. 133–142.

Duden, Barbara 1977: „Das schöne Eigentum. Zur Herausbildung des bürgerlichen Frauenbildes an der Wende vom 18. zum 19. Jahrhundert". In: Kursbuch 47. 3. Berlin, S. 125–140.

Ebstein, Erich (Hg.) 1921: Gottfried August Bürger und Philippine Gatterer. Ein Briefwechsel aus Göttingens empfindsamer Zeit. Leipzig.

Erich-Haefeli, Verena 1993: „Zur Genese der bürgerlichen Konzeption der Frau: der psychohistorische Stellenwert von Rousseaus Sophie." In: Cremerius, J. (Hg.) 1993: Literarische Entwürfe weiblicher Sexualität. Würzburg, S. 89–135.

Göttinger Jahrbuch 1984. Hg. v. Geschichtsverein für Göttingen und Umgebung e. V. Göttingen.

Hausen, Karin 1976: „Die Polarisierung der 'Geschlechtscharaktere' – Eine Spiegelung der Dissoziation von Erwerbs- und Familienleben." In: Conze, W. (Hg.) 1976: Sozialgeschichte der Familie in der Neuzeit. Stuttgart, S. 363-393.

Kelletat, Alfred 1984: „»Der Bund ist ewig«. Gedanken zur poetischen Topographie des Göttinger Hains." In: Ders. (Hg.) 1984: Der Göttinger Hain. Hölty – Miller – Stolberg – Voß. Stuttgart, S. 401–446.

Langen, August 1959: „Der Wortschatz des 18. Jahrhunderts" In: Maurer, F. / Stroh, F. (Hgg.) 1959: Deutsche Wortgeschichte. (Grundriß der Germanischen Philologie, Bd. 17.2). 2. Auflage. Berlin. S. 23–222.

Miller, Norbert 1968: Der empfindsame Erzähler. Untersuchungen an Romananfängen des 18. Jahrhunderts. München.

Nathusius, Elsbeth von 1919: „Philippine Engelhard. Eine deutsche Dichterin aus der guten alten Zeit." In: Hessenland. Hessisches Heimatsblatt. Zeitschrift für hessische Geschichte, Volks- und Heimatkunde, Literatur und Kunst, 33 (1919), S. 4–8, 30–33, 49–53, 71–75, 98–101.

Nathusius, Martin von 1888ff.: „Eine deutsche Dichterin vor hundert Jahren." In: Allgemeine Konservative Monatsschrift für das christliche Deutschland, 45 (1888), S. 731–742, 812–822, 936–945, 1057–1070; 46 (1889), S. 71–81, 158–169; 47 (1890), S. 238–248, 382–391.

Otto, Astrid 1990: Schreibende Frauen des 19. Jahrhunderts in Kassel und Nordhessen. Kassel. (Schriftenreihe des Archivs der Deutschen Frauenbewegung, Bd. 7l).

Schmidt, Jochen 1985: Die Geschichte des Genie-Gedankens in der deutschen Literatur, Philosophie und Politik 1750–1945. 2 Bde. Darmstadt.

Strodtmann, Adolf (Hg.) 1874: Briefe von und an Gottfried August Bürger. Ein Beitrag zur Literaturgeschichte seiner Zeit. Bd. III. Berlin.

Stummann-Bowert, Ruth 1993: „Philippine Engelhard, geborene Gatterer. Ein bürgerliches Frauenleben zwischen Aufklärung und Empfindsamkeit." In: Weber-Reich, T. (Hg.) 1993: »Des Kenenlernens werth«: Bedeutende Frauen Göttingens. Göttingen. S. 27–52.

Wedemeyer, Bernd 1992: „»Wir wohnen zu Göttingen in Scheiterhaufen, die mit Türen und Fenstern versehen sind.« Geschichte und Kultur der Stadt Göttingen zur Zeit Lichtenbergs." In: Georg Christoph Lichtenberg, 1742–1799. Wagnis der Aufklärung. Hg. vom Ministerium f. Wissenschaft u. Kunst des Landes Hessen. München, Wien, S. 108–116.

Wegmann, Nikolaus 1988: *Diskurse der Empfindsamkeit. Zur Geschichte eines Gefühls in der Literatur des 18. Jahrhunderts.* Stuttgart.

Weinhold, Karl 1868: *Heinrich Christian Boie. Beitrag zur Geschichte der deutschen Literatur.* Halle.